Esperando con aleg

*Reflexiones diarias para
Adviento y Navidad
2019–2020*

Daniel G. Groody, CSC

Traducido por
Luis Baudry-Simón

LITURGICAL PRESS

Collegeville, Minnesota

www.litpress.org

Nihil Obstat: Sister Renee Domeier, OSB.
Imprimátur: ✝ Most Reverend Donald J. Kettler, J.C.L., Bishop of Saint Cloud, June 4, 2019.

Diseño de portada por Monica Bokinskie. Arte de portada cortesía de Getty Images.

Introducción

Poco después de graduarme de la universidad, quise explorar la rica y variada geografía de los Estados Unidos. Así que le pregunté a mi amigo Ed Langlois si le interesaría hacer un viaje en bicicleta por todo el país. Aunque ninguno de nosotros tenía experiencia para un viaje así, él aceptó, y nos embarcamos en una aventura extraordinaria.

Empezamos en Portland (estado de Maine) y fuimos en bicicleta hasta el otro lado del país, a Portland (estado de Oregón). Comenzamos mojando nuestras ruedas en las aguas del Océano Atlántico y luego pasamos los setenta y cinco días siguientes montando nuestras bicicletas a través de montañas, llanuras y desiertos hasta llegar a las aguas del Océano Pacífico. Aunque aprendimos mucho en el camino, poco me di cuenta de que este viaje en bicicleta sería paralelo a un viaje interior del alma.

En muchos sentidos, nuestra vida es un viaje entre dos puertos y dos aguas. Entramos en el puerto de este mundo a través de nuestro nacimiento y lo abandonamos a través de nuestra muerte. Las aguas del bautismo nos inician en el camino de la fe, y el rito del entierro cristiano —que recuerda a las aguas del bautismo— marca su culminación. Entre estos dos puertos y estas dos aguas, vivimos la aventura de la vida. Nos toca descubrirla como un camino espiritual que nos lleva por el camino del misterio pascual.

Aunque hubo muchos momentos memorables a lo largo del camino de Portland a Portland, nuestro viaje a través del desierto del estado de Idaho habla de una manera particular de nuestro viaje a través del Adviento. Debido a la intensidad del calor del desierto, tuvimos que andar en bicicleta a veces en la oscuridad. En una ocasión recuerdo que estaba tan oscuro que no podíamos ver el camino por delante o por debajo de nosotros. Ya no podíamos confiar en nuestros sentidos, así que tuvimos que aprender a usar un sentido de la fe que fuera más allá de los sentidos. Con sólo un pedazo de luz de luna para guiarnos, tuvimos que aprender a desarrollar una "visión nocturna" que nos permitiera confiar en una luz más profunda incluso en medio de la oscuridad que nos envolvía.

El Adviento es un tiempo para cultivar la visión nocturna. Implica mantener viva la luz de la esperanza incluso cuando viajamos a través de la oscuridad del mundo, de nuestra política, de nuestra Iglesia, e incluso de nuestras propias vidas. También es un cambio en la forma de concebir el tiempo, a un ritmo más lento. Aunque nuestra cultura consumidora nos impulsa constantemente a pedalear más rápido —lo que puede impedir que sintonicemos nuestros corazones para que podamos escuchar realmente lo que pasa—, el Adviento nos llama a reducir la velocidad para dar cabida a Aquel que es el Camino, la Verdad y la Vida. Nos llama a buscar la guía de los ángeles, del Espíritu y de personas como Juan el Bautista, Isaías y María, quienes nos llaman a hacer las correcciones apropiadas a través de la conversión que nos lleva en la dirección correcta. Al hacerlo, el Adviento se convierte en un tiempo para sintonizar las señales de arriba, para calibrar nuestro "GPS divino", nuestro "Sistema de Posicionamiento Divino", por así decirlo, hasta que este camino de fe, esperanza y amor nos lleve a nuestro verdadero hogar en el corazón de Aquel que es el Alfa y Omega de nuestro viaje.

Día de Acción de Gracias, 2018

PRIMERA SEMANA DE ADVIENTO

1 de diciembre: Primer domingo de Adviento

Escalando la montaña del Adviento

Lecturas: Is 2, 1-5; Rom 13, 11-14; Mt 24, 37-44

Escritura:
"Vengan, subamos al monte del Señor". (Is 2, 3)

Reflexión: La primera vez que subí al domo Half Dome en el valle de Yosemite, me llenó una sensación de aventura e ilusión. Las primeras 8 millas de la caminata fueron impresionantes, pero los últimos 400 pies me dieron un susto enorme. La pendiente es empinada, y llegar a la cima significaba subir cables a lo largo de una cara desnuda de granito con partes que tienen una inclinación de 50 grados. Sin protección a ambos lados, el más mínimo resbalón me haría caer a cientos de metros más abajo.

Durante mi intento inicial, subí sólo 30 metros antes de que mis temores me vencieran, y tuve que dar marcha atrás. La mente y el corazón que me llevaron a este punto no fueron suficientes para llevarme a la cima. Después de múltiples intentos, tuve que ralentizar, replantear y repensar mi forma de pensar para aprender de una manera diferente. Sólo después de que cambié mi enfoque del viaje pude escalar más alto y llegar a la cumbre que me esperaba.

Isaías y el salmista hablan hoy del viaje espiritual como una ascensión al monte del Señor. El Adviento nos llama a alejarnos de las ocupaciones del mundo, a repensar la manera en que pensamos acerca de nuestras vidas para alcanzar nuevas alturas en nuestro caminar con el Señor. El camino de Dios no está centrado en las compras y en estar ocupado, sino en los negocios del reino de Dios. Este reino no consiste en la guerra, la violencia o el odio, sino en la fe, el amor, la esperanza, la confianza y la construcción de la paz.

Meditación: El Vaticano II nos ha recordado que la Eucaristía es "el culmen" de la vida cristiana y "la fuente de la que mana toda su fuerza". Como tal, la Eucaristía es la obra más importante de la iglesia y está en el corazón de nuestro ascenso espiritual con Dios. Es un lugar desde el cual se puede obtener una visión panorámica de la vida y una nueva perspectiva de dónde he estado y hacia dónde voy. En este tiempo de Adviento, ¿cómo puedo alejarme de las ocupaciones de la vida para redescubrir mi relación con Dios, especialmente en la Eucaristía?

Oración: Señor, ayúdame a mantener mis pensamientos en las cosas de arriba. Aunque paso tiempo y energía comprando regalos para otros durante este tiempo, ayúdame a invertir sobre todo en los regalos de tu reino y en los tesoros de tu amor, tu gracia y tu misericordia.

El corazón de la dignidad

Lecturas: Is 4, 2-6; Mt 8, 5-11

Escritura:
"Señor, yo no soy digno de que entres en mi casa". (Mt 8, 8)

Reflexión: En el tiempo de Jesús, la esclavitud era una práctica ampliamente aceptada. Algunos esclavos trabajaban en los campos y en las minas, mientras que otros eran sirvientes domésticos. En el Imperio Romano a menudo eran considerados más como propiedad que como personas. Sin derechos legales propios, sus vidas no sólo eran difíciles y cortas, sino que a menudo sus dueños los consideraban como desechables.

Las lecturas de hoy no sólo nos introducen en la condición de esclavo, sino también en el corazón de su amo. Aunque Jesús sin duda se sintió conmovido por la enfermedad del siervo del soldado, también debió sentirse conmovido por la humildad y la preocupación de este centurión. Era un hombre de rango e importancia social en el ejército romano, pero no estaba hinchado de sí mismo. Tampoco maltrataba a los que estaban por debajo de él. El soldado no sólo se esfuerza por ayudar a los que trabajan para él, sino que es notablemente consciente de su propia indignidad. Ni siquiera se considera digno de que Jesús venga a su casa y entre bajo su propio techo.

Jesús no se desanima por la indignidad de un soldado pagano, ni por la nuestra. Más bien mira más allá de nuestra indignidad y ve en el corazón. Como el soldado del centurión, Jesús no sólo quiere curar a la gente de una enfermedad física; quiere curarnos de la ceguera que nos impide ver nuestro propio valor y el valor y la dignidad de todas y cada una de las personas.

Meditación: Aunque la práctica de la esclavitud legal ha sido abolida en gran medida, un número significativo de personas todavía viven en esclavitud física, psicológica y emocional. Muchos de los que hacen un trabajo degradante a menudo se sienten tan degradados y socialmente excluidos que a veces se sienten como si no fueran nadie para nadie. Dios quiere liberarnos a todos del sentido de indignidad que nos paraliza, y quiere que hagamos lo mismo por los demás. ¿Cómo puedo dejar que Dios me ame hoy, especialmente cuando me siento indigno? ¿Y cómo puedo valorar a los desatendidos entre nosotros a través de una palabra amable, un oído atento o un gesto de sanación?

Oración: Ven Espíritu Santo. Entra en mi corazón y haz de él tu morada. Muéveme para que supere los sentimientos de indignidad y encuentre un lugar de confianza en tu amor y misericordia. Ayúdame a llegar a aquellos que hoy son ignorados y descuidados, y a restaurar en nosotros nuestra dignidad como hijos de Dios.

3 de diciembre: San Francisco Javier, sacerdote

La economía humana y la economía divina

Lecturas: Is 11, 1-10; Lc 10, 21-24

Escritura:
Sobre él se posará el espíritu del Señor. (Is 11, 2)

Reflexión: Todos los días de la semana a las 9:30 de la mañana, suena la campana de apertura en la bolsa de valores de Wall Street y comienzan las negociaciones del día. A las 4:00, la campana vuelve a sonar y las negociaciones se detienen. En el medio, la gente compra y vende, se apresura y se acelera para obtener ganancias sobre sus inversiones. Este ritual se ha convertido en una piedra angular del mercado, y muchos miden "cuánto valen" según el estado de la economía humana. Las lecturas de hoy cambian nuestro enfoque de la economía humana a lo que a menudo se conoce como "la economía divina". Mientras que la economía humana se ocupa de nuestra relación con el dinero, la economía divina se ocupa de nuestra relación con Dios, particularmente el plan de salvación de Dios a través de Jesucristo. Mientras que la economía humana se centra en *nuestros* esfuerzos, la economía divina se enfoca en la iniciativa y la gracia *de Dios*, que se encarnará en el Mesías prometido. Isaías nos recuerda que Dios ha dotado a su siervo con su Espíritu, y que el Espíritu tiene un tesoro inestimable. Este Mesías quiere compartir libremente sus riquezas con todos los que lo reciben.

Nos recuerda que, para cosechar los dividendos de la economía divina, también nosotros debemos ser dotados con su Espíritu, que no es el espíritu del mundo sino el Espíritu de sabiduría, entendimiento, consejo, fortaleza y temor del Señor. Esto significa invertir nuestro tiempo, nuestra energía y nuestros corazones en la vida de Dios. ¿Qué nos impide hoy buscar las riquezas del evangelio y los tesoros del reino?

Meditación: El problema con la economía humana es que no deja tiempo para Dios. Nos mantiene tan ocupados siempre corriendo, haciendo, comprando, produciendo, realizando y haciendo que quede poco espacio dentro de nuestros corazones para el Mesías. Cuando no invertimos en la economía divina desarrollando nuestras vidas espirituales, nuestros activos internos se secan y nuestros corazones se convierten en bancarrotas. Además, Dios mide la salud de la economía humana no en términos de la subida y caída del mercado de valores, sino en las "acciones" que la gente pone en el cuidado de los más pobres y vulnerables entre nosotros.

Oración: Señor, aunque busque ganarme la vida, haz que no olvide cómo vivir mi vida. En vez de adorar a los dioses del mercado, ayúdame a invertir mi energía en lo que finalmente importa, especialmente en ti y en las riquezas eternas que fluyen de tu amor y misericordia.

4 de diciembre:
San Juan Damasceno, sacerdote y doctor de la Iglesia

Una imagen del amor de Dios en acción

Lecturas: Is 25, 6-10a; Mt 15, 29-37

Escritura:
"Me da lástima esta gente". (Mt 15, 32)

Reflexión: Al principio aprendí el arte de la fotografía de mi padre. Una de las cosas que me enseñó fue el arte de concentrarme. Dependiendo de las fotos que deseábamos, cambiábamos los objetivos intercambiables y ajustábamos sus diales circulares hasta que el sujeto entrara en una visión clara. A medida que cambiamos entre el gran angular y el teleobjetivo, exploramos cómo enmarcar la imagen completa o acercarnos y ser más personales.

De diferentes maneras, el dolor y el sufrimiento en nuestras vidas a menudo pueden desviar nuestra visión. Nos preguntamos cómo un Dios amoroso puede permitir la calamidad de los desastres naturales, la injusticia de la pobreza, o incluso las pruebas y desgracias personales. Junto con nuestra condición pecaminosa, estos males pueden desdibujar nuestra perspectiva y oscurecer nuestra percepción del amor de Dios que actúa en el mundo.

Sin embargo, la lectura de hoy se centra en el ministerio de Jesús. Él literalmente nos da una imagen del amor de Dios en acción. Obtenemos una visión cercana de quién es Dios al ver lo que Jesús hace. Cuando el amor de Dios se enfoca en la Persona de Jesús, lo vemos cumpliendo la profecía de Isaías del Mesías venidero. Hace caminar a los cojos, los ciegos ven y los mudos hablan. Sorprendentemente, no se sienta en lo alto, separado de su pueblo, sino que siente el dolor del pueblo de una manera muy íntima. Respondiendo no sólo a su hambre sino también a sus necesidades humanas, sana y nutre a su pueblo, liberándolo de la esclavitud, llevándolo a la plenitud y restaurándolo a la comunidad.

Meditación: Jesús sintió el dolor de la gente. Y sintió el nuestro. No sólo desde lejos, sino de cerca, en el centro de su corazón. Mateo usa una palabra griega muy específica (*splanchnizomai*) para hablar de cómo Jesús se conmovió por sus profundidades más íntimas cuando se encontró con el dolor de otras personas. No se alejó de sus sufrimientos, sino que se sumergió en ellos, ofreciéndoles empatía y compasión. En lugar de anestesiarse, se arriesgó, tocó y sanó. ¿Dónde necesito el toque sanador de Dios? ¿Quién está sufriendo en mi mundo? ¿Cómo puedo ser un instrumento de la sanación de Dios para las personas que están sufriendo hoy en día?

Oración: Señor, tú sientes el dolor del mundo y sientes el mío. Ayúdame a no aislarme de los que están sufriendo. Concédeme el valor de entrar más profundamente en el misterio de la cruz, de perseverar y de tender la mano a los necesitados.

Tiempos difíciles y cimientos sólidos

Lecturas: Is 26, 1-6; Mt 7, 21. 24-27

Escritura:
"El que escucha estas palabras mías y las pone en práctica, se parece a un hombre prudente, que edificó su casa sobre roca". (Mt 7, 24)

Reflexión: Durante mis años de estudiante hice un curso de geología. Después de estudiar sobre la tierra durante el semestre, las palabras finales del profesor fueron: "Si deben irse con una sola cosa de esta clase, recuerden que nunca deben construir una casa en una ladera, cerca de una zona de fallas o en un suelo inestable". Aprendimos una y otra vez lo que sucede cuando la gente construye sus residencias en un terreno inestable. Estas palabras siempre resonaban en mi mente cuando me mudé a California. Eran impresionantes las vistas desde algunas de las casas del acantilado a lo largo de la costa. Pero lo que sucedía era un cataclismo cuando había un terremoto o un alud de lodo destruía sus inestables cimientos y las mandaba a estrellarse abajo en las ruinosas profundidades.

Como carpintero, Jesús inevitablemente sabía que las casas estables necesitan cimientos sólidos. Más allá de los fundamentos físicos, Jesús en las lecturas de hoy quería que sus oyentes reflexionaran sobre los valores fundamentales sobre los que construimos nuestras vidas. Hay acontecimientos en la vida que inevitablemente nos sacuden, como una muerte inesperada, una enfermedad repentina, una recaída, una angustia o una crisis personal. Sin bases sólidas, perdemos fácilmente la fe, y todo se derrumba. Cuando construimos nuestras vidas sólo sobre las cosas transitorias de la tierra, nuestras vidas se desmoronan cuando se producen las crisis de la vida. Si construimos nuestras vidas sobre la fe, la esperanza y el amor y anclamos nuestras vidas en los cimientos del Evangelio, podemos soportar las tormentas de la vida hasta que el tiempo se despeje. ¿Cómo respondo cuando se presenta una crisis?

Meditación: La palabra para crisis en chino es *Wei Ji* (危机). Es una combinación de dos caracteres, *Wei* (危, peligro) y *Ji* (机, oportunidad). El entrelazamiento de estos dos conceptos sugiere que debemos tomar una decisión cuando la vida no va según lo planeado y nuestro mundo se desmorona. Las lecturas de hoy nos recuerdan que una crisis puede ser un momento peligroso cuando abandonamos nuestra fe por completo o una nueva oportunidad para profundizar en ella. Dependiendo de cómo respondamos, una crisis puede resultar en una devastación catastrófica o en una relación más profunda con Dios que se transforma en algo nuevo.

Oración: Señor, cuando hay una crisis, a menudo quiero retirarme y huir. Ayúdame a recordar que eres más fuerte que las fuerzas que trabajan en mi contra, y nunca me dejarás solo. Que construya mi vida en tu cruz, y que a través de tu poder convierta incluso mis adversidades en nueva vida.

El oculista divino

Lecturas: Is 29, 17-24; Mt 9, 27-31

Escritura:
Al entrar Jesús en la casa, se le acercaron los ciegos y Jesús les preguntó: "¿Creen que puedo hacerlo?" Ellos le contestaron: "Sí, Señor". (Mt 9, 28)

Reflexión: A medida que nos acercamos a los acontecimientos de Belén, el ritmo del Adviento se hace más fuerte en el fondo. Hoy oímos más acerca del Mesías, que descenderá del linaje de David. Y cuando venga, dará la vista a los ciegos.

Hoy dos ciegos vienen a Jesús, y aunque les falta la vista física, pueden ver que Jesús es el Mesías, que tiene el poder de sanarlos. A diferencia de otras historias de milagros en los evangelios, esta viene con un giro. Jesús no sólo toca sus ojos y cura su ceguera. En vez de eso, les hace una pregunta directa: "¿Creen que puedo hacerlo?".

Su pregunta sugiere que podemos rechazar la oferta de curación de Jesús. O aún más sutilmente dudar de su poder y decir: "No sé". Estos ciegos —como nosotros— deben ser más que simples receptores pasivos de una gracia sanadora; también deben elegir activamente aceptarla por su parte.

Podemos estar rodeados por el poder sanador de Dios, pero nuestro ego a menudo nos impide ver y aceptar el poder de Dios para sanarnos. Él llama a la puerta de nuestros corazones, pero no entrará en nuestros corazones por la fuerza. Sin la decisión de confiar en Dios y dejarle entrar, él no puede darles la vista a los dos ciegos. Sin dejarlo entrar en nuestras propias vidas, no puede darnos la visión interior de que sólo él puede librarnos de la oscuridad.

Meditación: Como Jesús preguntó a los ciegos en las lecturas de hoy, también nos pregunta: "¿Creen que puedo sanarlos?". La mayoría de las veces, nuestra respuesta es menos probable que sea un "no" y más probablemente un "sí . . . pero". Nuestra tibieza a menudo nos impide darnos cuenta del poder sanador de Dios. Jesús también nos encuentra en los lugares donde más necesitamos su misericordia. Como los ciegos en las lecturas de hoy, nosotros también debemos hacer una elección, no sólo una vez sino todos los días, y confesar que Jesús es el Señor. ¿Realmente creemos que él puede actuar en nuestras vidas y sanarnos?

Oración: Señor, toca los ojos de mi corazón y ayúdame a creer que puedes hacer todas las cosas. Sólo tú tienes el poder de curar mi ceguera. Tócame con tu misericordia para que pueda ver claramente, y permíteme confiar plenamente en tu poder salvador.

7 de diciembre:
San Ambrosio, obispo y doctor de la Iglesia

El perfume de la ternura

Lecturas: Is 30, 19-21. 23-26; Mt 9, 35–10, 1. 5a. 6-8

Escritura:
. . . estaban extenuadas y desamparadas, como ovejas sin pastor. (Mt 9, 36)

Reflexión: El año pasado, el mundo gastó casi 40.000 millones de dólares en perfumes. Como comunidad humana, invertimos mucho en ver (y oler) bien por fuera, pero las lecturas de hoy ponen de manifiesto la importancia de desarrollar un aroma mucho más importante por dentro. El evangelio nos da una visión del corazón de Jesús, que siente el dolor de la gente y su sentimiento de abandono. Está particularmente conmovido por su falta de dirección. Sin nadie que los guíe cuando se pierden, están como ovejas sin pastor.

Desde el comienzo de su pontificado, el Papa Francisco nos ha recordado que los buenos guías espirituales son como pastores que huelen como sus ovejas. Huelen como ellas porque están cerca de ellas, y saben de qué se trata el liderazgo genuino: conducen desde atrás del rebaño para fortalecerlas; conducen desde dentro para animarlas; conducen desde el frente para guiarlas. No apestan a poder, ambición e interés propio, sino que tienen más bien el olor de los sirvientes. Porque están cerca de Aquel que no vino para ser servido sino para servir, pueden dar su vida por los demás. En formas grandes y pequeñas, cultivan un aroma interior de humildad, gentileza, generosidad, amor, bondad y misericordia. Porque saben estar cerca del Señor, cerca de su corazón, pueden llegar a los demás y estar cerca de la gente que el Señor ha confiado a su cuidado.

Meditación: Lo que el mundo necesita ahora, dice el Papa Francisco, es una revolución de ternura. Cuando dejamos entrar la ternura, ella ablanda nuestros corazones y sana nuestras heridas. Las pruebas de la vida pueden endurecer nuestros corazones, pero la cercanía a Dios y la cercanía a los demás pueden llevarnos más cerca del deseo de nuestros corazones. El Adviento es un tiempo para acercarse a la ternura de Dios y preparar el camino para que pueda entrar en la posada de nuestros corazones. ¿Dónde necesito la ternura de Dios hoy? ¿Cómo puedo expresar ternura a mis hijos, a mi cónyuge o a los que conozco hoy?

Oración: Dios amoroso, tú eres el Buen Pastor que cuida de tu rebaño. Atráeme hacia ti a través del dulce perfume de tu amor para que pueda conocer el don de tu ternura. Dios amoroso, tú eres el Buen Pastor que cuida de tu rebaño.

SEGUNDA SEMANA DE ADVIENTO

El camino hacia la verdadera libertad

Lecturas: Is 11, 1-10; Rom 15, 4-9; Mt 3, 1-12

Escritura:
"Conviértanse, porque ya está cerca el Reino de los cielos". (Mt 3, 2)

Reflexión: Una de mis películas favoritas es *Groundhog Day* (*Atrapado en el tiempo* [España] / *Hechizo del tiempo o El día de la marmota* [Hispanoamérica]). Más allá del humor de Bill Murray, es una historia profunda sobre la búsqueda de un hombre por una auténtica libertad. En la película, Murray interpreta el papel de un meteorólogo de la televisión llamado Phil Connors, que está asignado para cubrir la historia del Día de la Marmota en Punxsutawney, Pensilvania. Atrapado en su propio ego pomposo, piensa que la tarea está muy por debajo de su dignidad profesional.

Después de hacer la historia, una tormenta de nieve lo encalla en Punxsutawney, lo que lo obliga a quedarse en la ciudad otro día más. Pero cuando su alarma suena a la mañana siguiente, descubre que es el mismo día una y otra vez. Según algunos relatos, revive el mismo Día de la Marmota durante ocho años, ocho meses y dieciséis días. Finalmente se da cuenta de que cada día implica tomar decisiones que sólo él puede tomar. Descubre que estas decisiones tienen consecuencias reales y, en última instancia, determinan en qué tipo de persona se convierte. Después de un largo desvío, aprende algo nuevo cada día. Al final se da cuenta que el sentido de la vida se encuentra, paradójicamente, no en la autorrealización, sino a través de la donación de sí mismo.

En muchos sentidos, *Groundhog Day* es una historia sobre el arrepentimiento. A medida que aprende la práctica diaria de cambiar su mente y convertir sus caminos, él encuentra el camino que lo lleva al deseo de su corazón. Y mientras que comienza a tomar decisiones que lo alinean con el panorama general de su vida, finalmente se despierta. Entonces comienza un nuevo día.

Meditación: En la lectura del evangelio de hoy, Juan el Bautista llama a la gente a arrepentirse. "Arrepentimiento" es una palabra teológica densa, pesada, que para mucha gente lo dice todo y nada al mismo tiempo. En la superficie, el arrepentimiento puede parecer una llamada a rechazarnos a nosotros mismos. Pero más exactamente, se trata de rechazar nuestros falsos yos para convertirnos en nuestros yos más auténticos: la persona para la que Dios nos creó. Sólo dejando ir nuestros propios reinos podemos ponernos en contacto con la imagen más amplia del reino de Dios.

Oración: Dios de amor, ayúdame a elegir la vida. Guíame a dejar de lado las viejas mentalidades, las falsas certezas y los hábitos insalubres que me mantienen en esclavitud. Llévame a arrepentirme de todo lo que me aleja de ti. Cambia en mí todo lo que no es de ti para que pueda llegar a ser todo lo que tú me has creado para ser.

9 de diciembre:
La Inmaculada Concepción de la Santísima Virgen María

Aprender a confiar

Lecturas: Gn 3, 9-15. 20; Ef 1, 3-6. 11-12; Lc 1, 26-38

Escritura:
"No temas, María". (Lc 1, 30)

Reflexión: Cuando pensamos en María, a menudo olvidamos sus luchas humanas. A menudo no nos damos cuenta de que no tenía un guion de antemano o un plan de cómo se desarrollarían los acontecimientos. Se le da una promesa asombrosa, pero sólo encontrará su camino hacia ella a través del camino de la fe. Mientras miramos más de cerca su historia en su época, ¿cómo podría no tener miedo? Sólo tiene unos trece años, demasiado joven para ser tomada en serio. Y ahora, no sólo un ser angélico la toma en serio, ¡sino el mismo Dios! Descubre que concebirá un hijo, aunque no haya tenido relaciones sexuales. ¿Cómo puede ser esto? ¿Qué dirá José? ¿Los vecinos? ¿O el rabino? *Si descubren que no es el bebé de José*, ella debe haber pensado, ¿qué pasará? ¿Cómo podría "este gran favor" no sembrar el terror junto con la alegría en su corazón? Muchos deben haber sido los temores en el corazón de la Virgen. Pero contra esa oscuridad interior, también podemos ver la luz de su propia fe brillando a través de su respuesta. Aunque tenía temores, no dejaba que la controlaran. Tampoco se aferra a certezas superficiales que su vida ya no puede sostener. En cambio, va más allá de la ansiedad a lugares de mayor confianza. No una vez, sino muchas veces. Ella aprenderá con el tiempo que Dios está en control de su vida, y sólo él podrá llevar a cabo su trabajo.

Meditación: En muchos sentidos, la ansiedad rige nuestras vidas hoy en día. Nos preocupamos por tantas cosas y nos preocupamos por algún daño potencial o incertidumbre en el camino que tenemos por delante. María también conocía el miedo y las vulnerabilidades de ser humano. Sin embargo, incluso cuando su falta de control o comprensión le dio miedo, no se desesperó. En cambio, ella salió con fe, confiando en que Dios es fiel a sus promesas; sólo él puede dar la paz que está más allá de todo entendimiento. ¿Qué es lo que más me preocupa hoy? Más que una amenaza, ¿cómo pueden mis ansiedades ser una oportunidad para crecer en una mayor confianza con Dios?

Oración: Señor, guíame para salir de mis miedos hacia una mayor fe en ti. Ayúdame a estar con María y a entregarme sin reservas a tu amor y cuidado, especialmente en medio de las ansiedades de mi vida. Como ella, que Cristo nazca en mí, y lleva su vida en mí a su plenitud.

10 de diciembre:
Martes de la segunda semana de Adviento

La Iglesia de los perdidos y encontrados

Lecturas: Is 40, 1-11; Mt 18, 12-14

Escritura:
"¿Qué les parece?" (Mt 18, 12)

Reflexión: En el evangelio de hoy, ¡Jesús pide una opinión humana! Imagínate: el Hijo de Dios quiere que nos hagamos cargo de la historia de un pastor que deja todo su rebaño por la oveja perdida.

En mi opinión, es una idea loca. Dejar a noventa y nueve ovejas y exponerlas a la vulnerabilidad de los animales salvajes y a otros peligros es escandaloso. En una cartera financiera, ¿quién arriesgaría el 99 por ciento de su inversión por el 1 por ciento de las acciones que eran perdedoras? ¿Por qué no cortar las pérdidas y seguir adelante?

Pero Jesús no se preocupa por obtener ganancias financieras; se preocupa más bien por los negocios del reino. Y en la economía de este reino, todos importan, todos tienen dignidad y todos cuentan. Especialmente los pecadores.

Cuando pide una opinión, no busca ideas para sí mismo, como si el Hijo de Dios necesitara el consejo humano. En vez de eso, Jesús está llamando a sus oyentes a mirar hacia adentro, para obtener una visión de nosotros mismos y del estado de nuestras almas. Él quiere que primero midamos el tamaño de nuestros corazones calculando la misericordia dentro de nosotros.

Para los seres humanos, la misericordia tiene límites. Cuando la gente nos falla, los descartamos, los rechazamos y los abandonamos. En contraste, Dios es incalculable en su amor misericordioso por cada uno de nosotros. Cuando nos perdemos, él nos busca. Cuando regresamos, él nos abraza. Cuando nos encuentra, nos trae de vuelta a casa. ¿De qué manera me he desviado?

Meditación: Cada vez que de repente me doy cuenta de que he perdido mi billetera o mi teléfono móvil, me angustio. Esto desencadena una serie de ansiedades, lo que me obliga a volver sobre mis pasos frenéticamente hasta que encuentre el objeto perdido. De modo semejante, las lecturas de hoy hablan de la forma en que el corazón de Dios se angustia cuando perdemos nuestro camino. Este texto es uno de los muchos pasajes de las Escrituras que nos recuerdan que en el corazón de la iglesia estamos llamados a experimentar la misericordia y a comunicarla. La próxima vez que nos veamos tentados a juzgar a otros por sus fracasos morales, nos recordaremos: "¿Cuándo me he perdido a causa de mi pecado? ¿Cuándo, por su misericordia, él me ha encontrado de nuevo?".

Oración: Señor, ayúdame a ser humilde. Que no me contente con mi propia justicia interior, sino ayúdame a recordar que sólo tú eres santo. Señor, ayúdame a ser humilde. Cambia el corazón juzgador dentro de mí, y transfórmalo en un recipiente que transmita tus tiernas misericordias.

11 de diciembre:
Miercoles de la segunda semana de Adviento

Los vientos cruzados del discipulado

Lecturas: Is 40, 25-31; Mt 11, 28-30

Escritura:
"Vengan a mí, todos los que están fatigados y agobiados por la carga, y yo los aliviaré". (Mt 11, 28)

Reflexión: Cuando mi amigo Ed y yo montamos nuestras bicicletas desde Portland, Maine, hasta Portland, Oregon, comenzamos nuestro viaje mojando nuestras ruedas en el Océano Atlántico. Luego pedaleamos durante 3.500 millas hasta que llegamos al Océano Pacífico. Aunque el clima y el terreno nos dieron muchos desafíos a lo largo del camino, ninguna parte del viaje fue más desafiante que Dakota del Sur. Desde lejos, pensé que las Grandes Llanuras serían carreteras planas y fáciles de recorrer. Pero no me daba cuenta de que los vientos soplarían en contra de nosotros de manera tan dolorosa. ¡A veces anduvimos en bicicleta durante una hora y media y avanzamos sólo 6 millas! En medio de la inutilidad de nuestros esfuerzos y de las fuerzas que obraban en nuestra contra, recuerdo que me dije a mí mismo: "¿Por qué hago esto?". Debido a la fatiga y el cansancio me dieron ganas de tirar la bicicleta a un lado de la carretera y abandonar el viaje. Pero las decisiones que tomamos en medio de nuestras debilidades e impotencia fueron posiblemente las más importantes de nuestro viaje. Cuando elegimos perseverar —incluso cuando todo lo que había en nuestro interior quería rendirse— algo cambió en nuestras actitudes. Cuando aprendimos a decir "sí" —aunque todo dentro de nosotros quería decir "no"— algo en nuestro espíritu interior cambió. Y para nuestra sorpresa, mientras hacíamos estos ajustes en el interior, el viento cambió a nuestro favor en el exterior. Y cuando lo hizo, nos llevó más allá de la desolación de las llanuras hasta la belleza de las Montañas Rocosas.

Meditación: En el camino de la fe, sólo Dios conoce los vientos de la adversidad que soplan contra nosotros. Los escándalos en la iglesia y en la sociedad, la fatiga en el trabajo y las exigencias familiares pueden hacer que nos demos por vencidos. Hoy Jesús nos llama a descansar en él en medio de las exigencias del mundo y de las necesidades de los demás. Cuando continuamente le ofrecemos todo lo que somos, incluso nuestra impotencia, encontramos que incluso los vientos de la adversidad pueden cambiar a nuestro favor y darnos una paz más allá que supera el entendimiento y un descanso que el mundo no puede dar.

Oración: Señor, sólo tú gobiernas sobre la creación. Cuando los vientos de la vida me desgastan, ayúdame a saber que estás ahí presente para fortalecerme. En mi impotencia, ayúdame a volverme hacia ti. Envía tu Espíritu para que me ayude a perseverar y a confiar en la belleza más allá del dolor.

Una luz que brilla en las tinieblas

Lecturas: Zac 2, 14-17 o Ap 11, 19a; 12, 1-6a. 10ab; Lc 1, 26-38 o Lc 1, 39-47

Escritura:
Apareció entonces en el cielo una figura prodigiosa: una mujer envuelta por el sol, con la luna bajo sus pies y con una corona de doce estrellas en la cabeza. (Ap 12, 1)

Reflexión: Para el 9 de diciembre de 1531, la civilización indígena del centro de México estaba en ruinas. Los españoles habían conquistado el imperio azteca una década antes, y además de las víctimas de la guerra, la viruela había diezmado completamente la población. Según algunas estimaciones, hasta un 95 por ciento de la población murió en un plazo de cien años desde la llegada de los españoles. La gente estaba tan desanimada que un poeta escribió: "Han matado a nuestros guerreros, han quemado nuestras ciudades, han destruido nuestros templos, han violado a nuestras mujeres y ahora nos dicen que nuestros dioses no son verdaderos. Si eso es cierto, ¿por qué deberíamos vivir? Déjennos morir".

En el contexto de esta devastación, en un cerro a las afueras de la Ciudad de México, la Virgen María se le apareció a un mexicano pobre pero digno llamado Juan Diego. Vestida como una mujer indígena y con colores que hablaban al corazón de su tradición espiritual nativa, ella lo convirtió en un mensajero improbable de la nueva creación. Ella le encargó que le dijera al obispo su deseo de construir un templo a través del cual ella pudiera revelar la compasión y misericordia de Dios. Cuando él duda de su capacidad y le pide que envíe a alguien de mayor reputación para hacer el trabajo, ella le confía un ramo de flores, envuelto en su *tilma* (abrigo) para entregar al obispo. Cuando él la abre en presencia del obispo, las flores caen al suelo y la imagen de Nuestra Señora de Guadalupe aparece milagrosamente en su *tilma*. Desde la noche más oscura de esta civilización, Dios abrió un rayo de esperanza evangélica.

Meditación: "Oye y ten entendido, hijo mío el más pequeño", le dijo Nuestra Señora de Guadalupe a Juan Diego en 1531. "Que es nada lo que te asusta y aflige. No se turbe tu corazón, no temas esa ni ninguna otra enfermedad o angustia. ¿Acaso no estoy aquí yo, que soy tu madre? ¿No estás bajo mi sombra? ¿No soy tu salud? ¿No estás por ventura en mi regazo? ¿A quién más necesitas? No dejes que nada te moleste ni te cause dolor".

Oración: Señor, como Juan Diego, a menudo no me siento digno de llevar a cabo tu misión. Ayúdame a recordar que no necesito título o estatus para realizar tu obra. En medio de la oscuridad del mundo, inspírame a confiar en que tu gracia es suficiente y en la debilidad tu poder alcanza la perfección.

El río de la misericordia
y la corriente de la gracia

Lecturas: Is 48, 17-19; Mt 11, 16-19

Escritura:
Es como un árbol plantado junto al río. (Sal 1, 3)

Reflexión: Yo vivía en el desierto del sur de California, en el Valle de Coachella. En medio de un territorio árido y estéril, siempre me sorprendieron las ocasionales franjas fértiles de vida verde que emanaban de los pocos arroyos que fluían por la zona. La tipología del territorio bíblico es muy similar, y no es sorprendente que muchos escritores bíblicos hablen de su relación con Dios usando imágenes como "corrientes de agua". Aquellos que han tenido una experiencia diaria de hambre y sed encuentran mucho que reflexionar sobre la conexión entre el Dios vivo y las aguas vivas.

El río nos ofrece una metáfora muy rica para pensar en la vida espiritual. Cuanto más cerca estamos del río, más el Espíritu de Dios produce vida a través de nosotros. Cuanto más nos alejamos, más estéril se vuelve la vida. El río es también una imagen que nos recuerda que hay un "flujo" cuando nos permitimos vivir en el amor y la misericordia de Dios. Cuando estamos "en el río", podemos rendirnos confiadamente a la corriente del Espíritu y no tenemos que aferrarnos a nuestros caminos y a nuestros planes. Sin embargo, cuando nos alejamos de Dios y nos desviamos de la corriente, nos "alejamos del río". Cuando nos distanciamos de la oración, perdemos nuestro centro, y nuestra paz se evapora, como señala Isaías. Cuanto más nos alejamos de ella, más se secan nuestra fe, nuestra esperanza y nuestro amor. Y con ella la vida del alma.

Meditación: En las lecturas de hoy, podemos sentir la exasperación de Jesús por la forma en que el pueblo "se ha alejado del río". Son quejumbrosos constantes que encuentran defectos en todo y no trabajan por cambiar nada. Juan ayunó, y pensaron que estaba loco. Jesús comió y bebió con ellos, y pensaron que era complaciente. Como muchas personas hoy en día, pasaban más tiempo criticando a otros en el exterior que cambiándose a sí mismos en el interior. Debido a que sus corazones estaban cerrados, no podían entender a Juan ni a Jesús, incluso cuando estaban frente a ellos. ¿De qué manera mi propia queja me impide escuchar?

Oración: Señor, a veces las exigencias de la vida me alejan de las aguas vivas de tu amor, y mi corazón se convierte en un desierto estéril. Ayúdame a permanecer en el río de tu misericordia, y concédeme el flujo que permite que mi vida interior dé fruto en el mundo exterior.

14 de diciembre:
San Juan de la Cruz, sacerdote y doctor de la Iglesia

Las tres venidas de Cristo

Lecturas: Sir 48, 1-4. 9-11; Mt 17, 9a. 10-13

Escritura:
". . . yo les aseguro a ustedes que Elías ha venido ya, pero no lo reconocieron . . .". (Mt 17, 11)

Reflexión: El Adviento, tradicionalmente, es un tiempo para recordar las dos venidas de Cristo. Bernardo de Claraval, sin embargo, nos recuerda que en realidad hay tres venidas del Señor. La primera es su venida en la Natividad; la tercera es su venida en gloria; la segunda es su venida en el momento presente. La primera es una venida humilde, cuando nace en Belén y habita entre nosotros. La tercera es una venida triunfante, cuando juzgará a los vivos y a los muertos. La segunda es una venida oculta, cuando llama a las puertas de la posada de nuestros corazones y busca si lo dejaremos entrar. "La venida intermedia de Cristo es como un camino por el que transitamos desde la primera venida hasta la final", dice San Bernardo. "En el primer Cristo estuvo nuestra redención; al final, él aparecerá como nuestra vida. En esta venida, para que podamos reposar de nuestros encargos intermedios, él es nuestro descanso y consuelo".

Este tiempo de Adviento es un tiempo para preparar el camino para la venida de Jesús a nuestro mundo. El ajetreo de nuestras vidas, sin embargo, a menudo puede ahuyentarlo e impedirle entrar. Lo mismo puede ocurrir con nuestro sentido de indignidad. Sin embargo, Dios no necesita que seamos dignos antes de que entre. Él no nos ama porque seamos buenos; sino porque es bueno, nos ama y quiere sanarnos y habitar en nosotros. ¿Cómo puedo hacer espacio para Cristo en la posada de mi corazón?

Meditación: En Japón hay una antigua forma de arte llamada *kintsugi*. Se trata de reparar la cerámica rota con oro u otros metales preciosos. Habla de la necesidad de abrazar las dimensiones defectuosas de un objeto y permitir que esas imperfecciones sean parte de su belleza, en lugar de algo que ocultar. Dios también conoce nuestro quebranto, pero a menudo es algo que le ocultamos. Muchas veces es nuestra indignidad lo que nos impide acercarnos a Dios o dejarle entrar. ¿Cuáles son algunos de los lugares rotos en mi vida donde necesito el toque dorado de Dios?

Oración: Señor, ven a mi corazón. Ayúdame a dejar el perfeccionismo que me hace sentir que necesito arreglarme antes de ser digno de ti. Dame el valor para dejarte entrar, la fuerza para saber que no me rechazas en mi quebranto, y la fe para conocer tu poder sanador.

TERCERA SEMANA DE ADVIENTO

El regalo de un nuevo comienzo

Lecturas: Is 35, 1-6a. 10; Sant 5, 7-10; Mt 11, 2-11

Escritura:

El Señor . 🪨 libera al cautivos. (Sal 145, 7)

Reflexión: "Jesucristo", escribe el Papa Francisco, "es el rostro de la misericordia del Padre. Estas palabras podrían resumir el misterio de la fe cristiana". El viaje al corazón de Adviento, en muchos aspectos, es un viaje más profundo al corazón de Dios. En Cristo descubrimos no sólo la verdad sobre Dios, sino también la verdad sobre lo que significa ser humano. Como la compasión de Dios hecha carne, Jesús hace visible al mundo al Dios invisible.

En las lecturas de hoy, ese amor se hace visible en la acción. Aprendemos quién es Jesús por lo que Jesús hace. Hace caminar a los cojos, los ciegos ven, los mudos hablan, y los deformes son sanados. Esta lista de curaciones trae a cumplimiento la profecía de Isaías para el tan esperado y prometido Mesías, que vendrá a restaurar la creación. Cuando lo haga, sanará un mundo quebrantado. A medida que este Mesías se realiza en Jesucristo, aprendemos que Dios no sólo nos ha creado y luego nos ha dejado solos para defendernos por nosotros mismos. Como Mesías, él nos sana; como redentor, nos recrea; como Salvador, él nos salva.

Esta obra de salvación comienza con la misericordia. Es la medicina del perdón que sana las heridas causadas por el pecado. Es la llave que abre la puerta a las prisiones emocionales de nuestra culpa; es la "orden" de Dios que "reformatea nuestro disco duro interior" para que podamos redescubrir quiénes somos realmente como hijos de Dios.

Meditación: Todos luchan con el perdón. Mientras que perdonar a otros que nos han hecho daño es difícil, a menudo es más difícil perdonarnos a nosotros mismos. Cuando no perdonamos, quedamos atrapados en nuestro pasado, lo que nos impide ser verdaderamente libres para vivir las vidas que Dios tiene reservadas para nosotros. El Adviento es un tiempo para buscar el perdón. Y perdonarnos a nosotros mismos es un paso importante para confiar en el perdón de Dios. Protestamos porque no lo merecemos y no somos dignos. ¡La verdad es que no lo somos! Pero el amor de Dios es más grande que nuestras tinieblas. ¿Dónde necesito la luz del perdón de Dios?

Oración: Señor, es difícil confiar en que me amas tanto que me perdonas. Envía a tus ángeles a conquistar la oscuridad que sólo busca culparme y condenarme. Ayúdame a recurrir a tu misericordia, y dame fe y valor para confiar en tus promesas.

16 de diciembre: Lunes de la tercera semana de Adviento

La pregunta sostiene la lámpara

Lecturas: Nm 24, 2-7. 15-17a; Mt 21, 23-27

Escritura:
"Yo . . . les voy a hacer una pregunta". (Mt 21, 24)

Reflexión: En los evangelios, a Jesús se le hacen 183 preguntas. Pero sólo responde directamente a tres de ellas. A su vez, él hace 307 preguntas. Esto significa que por cada pregunta que responde, hace más de 100 preguntas. Si "Jesús es la respuesta", como muchos dirían hoy, ¿por qué hace tantas preguntas? O más específicamente, ¿por qué no responde a nuestras preguntas? La lectura de hoy sugiere que, como dice Martin Copenhaver, "Jesús no es el supremo Hombre de las Respuestas, sino más bien el Gran Preguntador", y a través de estas preguntas Jesús sostiene una lámpara para iluminar en nuestros corazones.

Cuando los sumos sacerdotes y los ancianos se acercan hoy a Jesús en el templo, no es claro que estén buscando comprender. Parece más probable que sientan que su autoridad como maestros está siendo cuestionada. Reconociendo sus corazones y mentes cerradas, Jesús no discutió con ellos en una disputa teológica contenciosa. Mientras los desafía con sus preguntas, parecería que Jesús está más interesado en iluminar nuestra autocomprensión por adentro que en iluminar a otros por afuera. Parece menos interesado en la repetición de nuestras certezas superficiales y más interesado en expandir nuestra comprensión de lo que creemos. Las respuestas pueden excluir nuevos descubrimientos, pero las preguntas pueden abrir nuevas posibilidades. El enfoque de Jesús sugiere que está más preocupado por la formación de nuestros corazones y la transformación de nuestro carácter que sólo puede ocurrir a través de nuestra apertura a la conversión.

Meditación: Durante una conferencia pública, el teólogo Bernard Lonergan, SJ, comentó una vez: "Hay dos tipos de personas en el mundo: los que necesitan certeza y los que buscan comprensión". La distinción que hizo entre "necesitan" y "buscan" es significativa. El mundo está lleno de gente que es presumida en sus creencias. A menudo son los mismos que son inciviles, poco caritativos e implacables. Jesús quiere nuestra confianza, no nuestras certezas. Nos pide que humildemente nos mantengamos firmes en los misterios de la fe en lugar de pretender que los entendemos completamente. No tener respuestas no tiene por qué ser una amenaza, ¡sino una puerta a nuevos descubrimientos!

Oración: Señor, concédeme la humildad de saber lo poco que sé. Ayúdame a no pensar que soy el único dueño de la verdad, sino abre mi mente para explorar nuevas preguntas. Guíame para permanecer bajo el misterio de la vida, para que pueda entender mejor el misterio del Evangelio.

Virtudes de elogios fúnebres y virtudes de currículos

Lecturas: Gn 49, 2. 8-10; Mt 1, 1-17

Escritura:
Genealogía de Jesucristo, hijo de David, hijo de Abraham. . . . (Mt 1, 1)

Reflexión: En su libro *El camino del carácter*, David Brooks hace una distinción entre las "virtudes de currículos" y "virtudes de elogios fúnebres". Él sostiene que las virtudes de currículos son las cualidades que desarrollamos para salir adelante en el mundo exterior. Las virtudes de elogios fúnebres, sin embargo, son cualidades del mundo interior del carácter, que dan forma no sólo a lo que hacemos sino a quiénes somos como persona y cómo queremos ser recordados.

Estas distinciones, sostiene Brooks, tienen sus raíces en una tensión interna entre Adán I y Adán II. "Mientras que Adán I quiere conquistar el mundo", dice Brooks, "Adán II quiere obedecer un llamado a servir al mundo . . . Mientras que Adán I pregunta cómo funcionan las cosas, Adán II pregunta por qué existen las cosas y para qué estamos aquí . . . Mientras que el lema de Adán I es "El éxito", Adán II experimenta la vida como una danza moral. Su lema es 'caridad, amor y redención' " (xii).

Las lecturas de hoy nos ayudan a escuchar la música de esta danza redentora. El evangelio nos ofrece una "obertura" genealógica de importantes notas musicales en la historia de la salvación. Mientras que Mateo remonta la genealogía de Jesús hasta Abraham, Lucas la remonta hasta Adán. Ambos nos recuerdan las muchas maneras en que vivimos en una tensión entre Adán I y Adán II.

Así como el Adviento nos pone en contacto con nuestra naturaleza caída, también nos pone en sintonía con nuestra naturaleza redimida como se revela en Cristo. En él aprendemos no sólo la verdad sobre Dios, sino también la verdad sobre lo que significa ser humano.

Meditación: A medida que avanzamos por el camino del Adviento, nos encontramos cara a cara con nuestra propia mortalidad. En medio de la oscuridad y la inestabilidad del mundo, nos damos cuenta de nuestra propia vulnerabilidad y necesidad de salvación. Para ayudar a poner a mis alumnos en contacto con nuestra condición humana ante Dios, los invito a pasar en un cementerio de la zona para que reflexionen acerca de las tumbas de aquellos que nos han precedido. Mientras contemplan las lápidas y los epitafios, les pido que reflexionen sobre su propia mortalidad. Cuando el último capítulo de mi vida haya sido escrito, ¿cómo quiero ser recordado?

Oración: Señor, ayúdame a recordar que mis días son cortos y que cada día cuenta. En medio de las cosas pasajeras de este mundo, concédeme la sabiduría para elegir bien, para elegir la vida, y para elegirte a ti. Por tu gracia, transforma el viejo Adán dentro de mí a tu propia imagen y semejanza.

18 de diciembre:
Miércoles de la tercera semana de Adviento

Aprendiendo el lenguaje de los sueños

Lecturas: Jer 23, 5-8; Mt 1, 18-25

Escritura:
. . . un ángel del Señor le dijo en sueños. . . . (Mt 1, 20)

Reflexión: Poco después de que comenzó la crisis de los refugiados sirios, fui a Estambul, Turquía, en una delegación con la Conferencia de Obispos Católicos de los Estados Unidos. En nuestra primera mañana fuimos invitados a una misa en una iglesia católica siria en la que muchos refugiados participaban. El obispo local me preguntó si quería concelebrar, y acepté, sin darme cuenta de que la misa se celebraría en rito sirio, no en rito romano. Cuando empezamos, de repente descubrí que no era sólo un lenguaje diferente, sino un conjunto completamente diferente de gestos, movimientos y rituales; en poco tiempo me perdí completamente en un mar litúrgico.

Cuando el obispo vio mi confusión, señaló el misal, pensando que me ofrecería una especie de balsa salvavidas ritual. El único problema era que estaba escrito en los cuatro idiomas locales: sirio, árabe, turco y arameo. ¡No podía reconocer una sola palabra en la página impresa!

De repente me di cuenta de que tenía que aprender a encontrar una manera de entender más allá de la palabra escrita y hablada. Al ver un mosaico del Sagrado Corazón, una copa con vino y pan del altar, me di cuenta de que yo formaba parte de una historia más amplia. Había un idioma más profundo actuando, un idioma que me llamaba a confiar más allá de las palabras habladas. Mientras estos refugiados compartían sus historias y sus sueños después de la Misa, me di cuenta de que un discurso mucho más profundo estaba ocurriendo. Me ayudaron a ver una unidad más allá de la diferencia, un mensaje más allá de las expresiones habladas y una comunicación más allá del pensamiento.

Meditación: Además de los sueños que las personas como los refugiados tienen de una vida mejor, la Biblia tiene mucho que decir sobre la manera en que Dios nos habla a través de los sueños. Especialmente cuando se enfrentan a elecciones complejas, la Biblia toma nota de varias figuras significativas que encuentran orientación a través de sus sueños. "Los sueños", dice John Sanford, "son el lenguaje olvidado de Dios" y nos ponen en contacto con una forma de comunicación que es profundamente personal y universal al mismo tiempo. ¿Alguna vez he tenido sueños que han moldeado mis decisiones? ¿Cómo pueden mis sueños llevarme a un viaje más profundo con Dios?

Oración: Señor, dame un corazón que ayude a la gente a realizar sus sueños y la sabiduría para entender los míos. Concédeme el discernimiento para entender el lenguaje de mi alma y las maneras en que me guías a través de mis sueños.

Aprender a dejar ir

Lecturas: Jue 13, 2-7. 24-25a; Lc 1, 5-25

Escritura:
"¿Cómo podré estar seguro de esto?" (Lc 1, 18)

Reflexión: Cuando tenía unos ocho años, encontré un folleto que planteaba una pregunta provocativa que nunca he olvidado. Decía: "¿Sabías que puedes perderte el cielo por dieciocho pulgadas?". Como leí más adelante, explicaba que alrededor de un pie y medio separa la cabeza del corazón y que Dios no es sólo una idea a la cual asentir con nuestras mentes, sino una Persona a la que encontrarnos en las profundidades de nuestro ser más íntimo.

En el evangelio de Lucas podemos vislumbrar este viaje de dieciocho pulgadas de María y Zacarías. Tienen mucho en común: ambos están preocupados cuando el ángel Gabriel aparece; a ambos se les dice que no tengan miedo; a ambos se les da el nombre de su hijo; a ambos se les promete el Espíritu Santo; y ambos hacen una pregunta en respuesta a las buenas nuevas del ángel.

A pesar de sus similitudes, el ángel mira favorablemente la respuesta de María mientras que Zacarías es castigado. Al mirar más de cerca, vemos que María confía en la palabra del ángel y luego hace una pregunta, mientras que Zacarías parece querer que su pregunta sea respondida primero y luego implica que sólo entonces confiará. Aunque Zacarías nos recuerda que el llamado de Dios nos lleva más allá de nuestra zona de confort, María nos recuerda que la fe implica primero una decisión de confianza. Sólo después comienza la comprensión. Como dijo San Agustín: "La fe es creer lo que no se ve; la recompensa de esta fe es ver lo que crees".

Meditación: A los veinte años aprendí a bajar una montaña en rappel. Mi guía primero me llevó al borde de un acantilado y me instruyó que me envolviera en un arnés de nylon y enhebrara una cuerda a través de un "ocho" de metal. Paradójicamente, cuando me aferré a la cuerda, empecé a caer; cuando la dejé ir, el "ocho" me mantuvo sólidamente firme. Sólo después de soltarme descubrí un poder que me sostenía más allá de mis propias fuerzas.

¿Dónde me llama Dios para que renuncie a mi necesidad de certeza y confianza en sus promesas?

Oración: Señor, al igual que Zacarías, confío en ti, pero mi necesidad de control a menudo se interpone en mi camino. Ayúdame a dejar ir mi necesidad de certeza y a rendirme sin miedo. Como María, concédeme la gracia de confiar en tus promesas, aunque haya muchas cosas que no comprenda.

20 de diciembre: Viernes de la tercera semana de Adviento

Cuando el ángel se va . . .

Lecturas: Is 7, 10-14; Lc 1, 26-38

Escritura:
Y el ángel se retiró de su presencia. (Lc 1, 38)

Reflexión: El estado de Oregón tiene una topografía rica y diversa. Cuando recorrí la región en bicicleta, me sorprendió su variado terreno. A veces serpenteaba por caminos que pasaban a través de profundos bosques y verdes zonas silvestres. Y en una corta distancia estaba atravesando vastos desiertos y lugares secos. Estos espacios que alternan entre los bosques de montaña y los lugares desolados hacen eco también de una topografía interior y espiritual. A veces nuestro viaje puede parecer rico y fértil. Otras veces nuestro viaje puede sentirse seco y desolado.

Las Escrituras hoy subrayan que el propio camino de María con Dios pasó también por terrenos cambiantes. María conoció inevitablemente momentos de cercanía a Dios cuando un ángel se le apareció. Pero el texto también señala que en algún momento el ángel la dejó. Aunque no conocemos los detalles, sólo podemos preguntarnos qué tipo de juicios soportó. Imagínense sus pensamientos cuando ella, José y Jesús deambulaban por Egipto huyendo de los ejércitos de Herodes. ¡Su tiempo en Nazaret debe haber parecido lejano!

Es precisamente en los momentos más difíciles —cuando parece que los ángeles de Dios nos han abandonado— cuando nuestra fe se pone a prueba. Es fácil creer en Dios cuando se siente cerca. Pero es más difícil cuando se siente distante y remoto y el camino a seguir parece incierto. La propia experiencia de María nos recuerda que nuestra vida implica inevitablemente algo más que "experiencias cumbre" y consuelo espiritual; también incluye sequedad y desolación.

Cuando llego a puntos de sequedad en mi itinerario de fe, ¿cómo respondo?

Meditación: La Basílica de la Anunciación de Nazaret es la iglesia cristiana más grande de Medio Oriente. Afuera, está coronada por una cúpula en forma de linterna que expresa a Jesucristo como la Luz del Mundo. En el interior, sin embargo, es un lugar relativamente oscuro. Pero debajo de la cúpula hay un agujero que se abre hacia el cielo, donde la luz penetra en la oscuridad interior y brilla directamente sobre la cueva donde la tradición cree que vivió María. Allí vivió momentos alternados de consolación y desolación. Hoy nos recuerda que incluso cuando pasamos por los desiertos, Dios sigue obrando.

Oración: Señor, ayúdame a confiar en que estás allí incluso cuando los ángeles se van. Penetra en la oscuridad con la luz de tu Palabra. En medio de las pruebas de la vida, concédeme una fe que confíe más allá de los sentimientos, una esperanza que crea más allá de lo que se ve, y un amor que dé más allá de mis propios planes.

21 de diciembre:
San Pedro Canisio, sacerdote y doctor de la Iglesia

Regocijándose en el don de los demás

Lecturas: Cant 2, 8-14 o Sof 3, 14-18a; Lc 1, 39-45

Escritura:
En aquellos días, María se encaminó presurosa a un pueblo
de las montañas de Judea. . . . (Lc 1, 39)

Reflexión: Las Escrituras sólo nos dan algunos detalles sobre
la vida de María. Algunos de los más reveladores se presen-
tan en las lecturas de hoy, donde el centro de atención del
amor salvífico de Dios brilla directamente sobre ella. Acaba
de recibir la noticia del ángel de que Dios la favorece mucho
y que desempeñará un papel central en el plan de salvación.
Pero ella está abrumada y no tiene claro cómo una promesa
tan maravillosa se realizará a través de ella. Es una experiencia espiritual tan penetrante que la asusta. No sólo será llamada a vivir en el espacio solitario de ser una madre virgen,
sino que entrará más profundamente en ese espacio virgen
de intimidad entre cada criatura y su Creador. Aunque reconoce el impulso de retroceder en el temor, elige dar un
salto hacia adelante en la fe, confiando en la fidelidad de
Dios.

Sin embargo, incluso en su soledad, descubre que no está
totalmente sola. Se entera de que su prima Elizabeth también
es parte de este plan, y dejando atrás su seguridad, viaja

apresuradamente para verla. Aunque tendrá que viajar durante cuatro días y casi 100 millas (160 kilómetros), las dificultades no la disuaden. Todo lo que importa ahora es colaborar con la gracia y caminar con cualquier persona comprometida con la venida del reino de Dios. Lo que se desarrolla es uno de los grandes ejemplos de amistad espiritual en las Escrituras, de dos vidas centradas en Dios, ancladas en el amor y unidas en un camino común.

Meditación: En muchos sentidos, nuestro mundo actual está definido por la competencia. Saludamos a los ganadores y evitamos a los perdedores y buscamos desesperadamente sumar nuestros éxitos, victorias y trofeos. Cuando esta mentalidad entra en nuestras relaciones y buscamos ser mejores que los demás, perdemos de vista nuestra interconexión fundamental. Con Isabel y María, nunca hay una pizca de competitividad social, ni siquiera espiritual. Ellas ven la imagen más grande del reino de Dios y su lugar dentro de él. No buscan ser el centro de atención, sino más bien centrar su atención en el llamado de Dios, la voluntad de Dios y la gracia de Dios.

Oración: Señor, ayúdame a regocijarme no sólo por los dones que me has dado, sino también por los dones que das a los que me rodean. Abre los ojos de mi corazón para ver el cuadro más grande de tu reino y para trabajar contigo en la obra de salvación.

CUARTA SEMANA DE ADVIENTO

22 de diciembre: Cuarto domingo de Adviento

Manteniendo el corazón abierto

Lecturas: Is 7, 10-14; Rom 1, 1-7; Mt 1, 18-24

Escritura:
José, su esposo, que era hombre justo, no queriendo ponerla en evidencia, pensó dejarla en secreto. (Mt 1, 19)

Reflexión: José está en un aprieto imposible. Está públicamente comprometido con María, pero aún no estaban formalmente casados. Ahora ella está embarazada sin estar casada. La angustia de José se hace más clara a medida que nos damos cuenta del dilema al que se enfrenta. Si José no dice nada, admite tener relaciones sexuales ilícitas, lo que conlleva un grave estigma social. Si niega la responsabilidad por el niño, corre el riesgo de exponer a María a la vergüenza e incluso a la pena capital (Dt 22, 23-24), como lo estipula la ley. Como hombre justo, no quería hacer caso omiso de las leyes de Dios. Pero como hombre compasivo, no quería deshonrar y humillar a María. Discernir la voluntad de Dios a la luz de lo que su corazón creía y su religión requería debe haber sido muy doloroso. Atrapado entre dos bienes opuestos y sin ver la salida, toma la decisión inicial de salir por la puerta trasera divorciándose tranquilamente de María.

Aunque no conocemos los detalles de la lucha interior de José, sabemos que cuando se fue a dormir, mantenía su corazón abierto. En su sueño, Dios finalmente le muestra que tiene más opciones de las que aparecen inmediatamente. Como José, podemos encontrarnos luchando con decisiones en las que no siempre entendemos lo que está sucediendo o cómo decidir cuando parece que no hay buenas opciones. Sin embargo, cuando vivimos con humildad y confianza, Dios encuentra una manera de llegar a nosotros, ya sea a través de un amigo, un evento, un momento de iluminación, o, como con José, a través de un sueño.

Meditación: Demasiado a menudo pensamos que ser justo se trata de ser "correcto". Sin embargo, las personas que necesitan ser "correctas" han cometido innumerables errores a lo largo de la historia. Y hoy no es diferente. La justicia bíblica es mucho más profunda. Requiere más que certezas legales y morales, más bien fe y confianza. Pablo nos recuerda que la verdadera rectitud viene a través de la fe en Aquel que es el único recto y justo. La fe es, en última instancia, un salto a lo desconocido, una entrega de confianza en el Dios que tiene el poder de perdonarnos, reconciliarnos y restaurarnos a una relación correcta con Dios y con los demás.

Oración: Señor Dios, soberano del universo, concédeme sabiduría. Especialmente cuando la vida me presenta opciones difíciles, ilumíname con tu Espíritu y guíame a elegir de acuerdo con tu corazón. Como José, permíteme confiar en tu cuidado providencial mientras tu voluntad se despliega en mi vida.

La generosidad incalculable de Dios

Lecturas: Mal 3, 1-4. 23-24; Lc 1, 57-66

Escritura:
"Será como . . . refina la plata y al oro, . . . y así podrán ellos ofrecer, como es debido, las ofrendas al Señor".
(Mal 3, 3)

Reflexión: Cuando estuve en el Santuario de Guadalupe en México hace algunos años, me encontré con una mujer estaba sentada en la plaza principal que vendía algunos objetos. Aunque es una práctica común regatear, nunca me he sentido cómodo peleando por obtener el precio más bajo, especialmente cuando se trata de comprar objetos religiosos. Vi una obra de arte que me gustó y le pregunté el precio. Me sentí incómodo con lo poco que costaba y pensé que, en justicia, tanto el artista como el vendedor merecían más. Así que le di más dinero del que pedía. La mujer estaba confundida al principio y pensó que yo había cometido un error, pero le dije que se quedara con el resto. Ella respondió dándome un rosario hecho a mano. Para eso le di más dinero, y ella respondió dándome otro regalo. Esta práctica continuó varias veces cuando nos dimos cuenta de que ambos estábamos tratando de superarnos en generosidad, como si estuviéramos tratando de refinar nuestra ofrenda, como lo resalta Malaquías en las lecturas de hoy. Imagina cómo sería nuestro mundo si, en lugar de aferrarnos a lo que tenemos y a nuestros motivos egoístas, lo regaláramos. ¿Qué pasaría si midiéramos nuestra riqueza no por lo que tenemos, sino por lo que nos damos los unos a los otros? Sin embargo, no importa cuán generosos tratemos de ser con la gente, Dios nunca será superado en generosidad. Dios nos mide con la medida con la cual nosotros medimos a los demás. Cuanto más se expanden los corazones, más Dios puede derramar sus bendiciones en ellos, "una medida generosa, apretada, sacudida y rebosante".

Meditación: Cuando oímos la palabra "economía", a menudo pensamos en las formas en que se comercian los bienes, se intercambia dinero y se da compensación por lo que hemos ganado y logrado. La "economía" del reino de Dios, sin embargo, es diferente. Su principal "moneda" no es el mérito, sino la misericordia. La salvación, sobre todo, es un regalo inmerecido, no un premio que hayamos ganado. Las lecturas de hoy recuerdan la incalculable generosidad de la gracia de Dios, que él ofrece, aunque no seamos dignos. Nuestro llamado a amar a los demás no se basa en última instancia en la respuesta de los demás a nosotros; es más bien una respuesta al Dios que nos ha amado primero.

Oración: Señor, concédeme un mayor sentido de la abundancia de tus dones y de la manera en que eres generoso con todos, tanto con los que lo merecen como con los que no. Ayúdame a amar a los demás, no para obtener algo a cambio, sino para imitar tu bondad hacia toda la creación.

24 de diciembre: Martes de la cuarta semana de Adviento

Cambiando el mundo

Lecturas: Mañana: 2 Sam 7, 1-5. 8b-12. 14a. 16; Lc 1, 67-79

Escritura:
"Y a ti, niño, . . . anunciar a su pueblo la salvación, mediante el perdón de los pecados". (Lc 1, 77)

Reflexión: Al pasar por la estación *Grand Central* de Nueva York hace algún tiempo, noté que una mujer estaba sentada en el costado de una pared, desplomada sobre sus rodillas. Tenía el pelo gris fibroso y una chaqueta azul descolorida y parecía un caparazón sin vida. Después de tomar dos tazas de café, me senté a su lado. "¿Cómo está?". "Bien", dijo ella a la defensiva. "¿Cómo le ha sido su día?". "¡Bien!", dijo con cautela. "¿Qué hay de nuevo?". "¡Nada!". Con esas palabras nuestra conversación terminó, y sentí como si una pared de hierro se interponía entre nosotros y no dejaba salir ni un pequeño agujero de luz emocional. Pero me quedé a su lado tomando mi café y no me fui. Después de unos quince minutos, se volvió hacia mí y me dijo: "¿Quién diablos es usted?". Tomé un sorbo de mi taza y dije: "Soy sacerdote, y pensé que usted necesitaba una taza de café". Con eso, algo inesperado sucedió. Empezó a llorar con tanta intensidad que sus lágrimas podrían haber inundado el suelo de toda la estación. Sin querer interferir con las palabras, me senté con ella en silencio mientras lloraba y sollozaba. Pero cuando se calmó, me dijo que se llamaba Sara. Entonces le dije: "Sara, si pudieras cambiar una cosa en el mundo de hoy, ¿qué cambiarías?". Sorprendentemente, dijo: "Si pudiera cambiar una cosa en el mundo de hoy, cambiaría . . . mi mente. Me he llenado de tanta amargura y odio que no puedo perdonar, pero si pudiera, sería una persona nueva".

Meditación: El Señor nos encuentra primero en la misericordia. Él viene a traer la plenitud, no la condenación. Él desea sanar, no juzgar. Él busca liberarnos, no degradarnos. Él quiere que hagamos espacio para él en nuestros corazones para que pueda hacer la obra que sólo él puede hacer. Cuando nuestra culpabilidad y dolor nos encierran en una prisión de vergüenza, Dios viene a nosotros, ofreciéndonos perdón y nueva vida. A medida que se acerca el amanecer de la mañana de Navidad, ¿dónde está la oscuridad en mi vida que necesita perdón? ¿A quién también necesito perdonar?

Oración: Señor, has venido para liberar a los prisioneros de la esclavitud, y tan a menudo siento que estoy atado por las heridas del pasado, los temores del futuro y las ansiedades del presente. Libérame de todo lo que me tiene cautivo para que pueda conocer la libertad de ser hijo de Dios.

TIEMPO DE NAVIDAD

La puerta de la humildad

Lecturas:
VIGILIA: Is 62, 1-5; Hch 13, 16-17. 22-25; Mt 1, 1-25 o 1, 18-25
NOCHE: Is 9, 1-6; Tit 2, 11-14; Lc 2, 1-14
ALBA: Is 62, 11-12; Tit 3, 4-7; Lc 2, 15-20
DÍA: Is 52, 7-10; Heb 1, 1-6; Jn 1, 1-18 o 1, 1-5. 9-14

Escritura:
Y aquel que es la Palabra se hizo hombre y habitó entre nosotros. (Jn 1, 14)

Reflexión: La Iglesia de la Natividad de Belén fue construida originalmente en el año 339, y fue erigida sobre la cueva donde la tradición cree que nació Jesús. Es uno de los santuarios cristianos más antiguos del mundo, pero aún hoy es notablemente modesto en su apariencia exterior. Dada su importancia, se podría esperar una entrada majestuosa, como la Basílica de San Pedro en Roma, cuyas puertas principales miden 25 pies (7,5 m) de altura. Este espacio, sin embargo, es arrebatadoramente simple. Su puerta solitaria tiene 4 pies (1,20 m) de alto y dos (60 cm) de ancho. Para entrar y ver el lugar donde nació Cristo, primero hay que bajarse y pasar por esta "Puerta de la Humildad". Mientras que los historiadores sostienen que fue creada para evitar que los saqueadores a caballo y camello saquearan la iglesia en la época de las Cruzadas, sus representaciones figurativas ofrecen mucho material para la reflexión espiritual. La puerta también nos ayuda a entender la forma en que el Dios del Universo se rebajó a sí mismo al entrar en nuestra condición humana rota. Los orgullosos y soberbios no pueden entender este misterio, ni los que están hinchados por su propia rectitud; sólo aquellos que conocen su propia indignidad tienen la sabiduría de inclinarse antes de entrar en este espacio sagrado. Los magos fueron los primeros en contemplar este misterio y en inclinarse ante el Rey de reyes. Paradójicamente, se dieron cuenta de que sólo inclinándose podían ser levantados; sólo compartiendo su propio tesoro podrían enriquecerse más allá de toda medida; y sólo dejando atrás sus propios reinos podrán entrar en el reino de Dios.

Meditación: La mayoría de los cristianos no tienen problemas para creer que Jesús era Dios. A menudo tienen más problemas para entender que él también era un ser humano. La encarnación nos recuerda que Jesucristo es a la vez plenamente divino y plenamente humano. Esto significa que también conocía las luchas que acompañaban a todo lo que implica ser humano. La razón por la que Jesús vino no fue sólo para enseñarnos cómo llegar al cielo. También vino a enseñarnos cómo llegar a ser plenamente humanos a medida que viajamos a través de este mundo.

Oración: Atráeme más profundamente, Señor, a tu tierno y humilde corazón. Ayúdame a ser más de mí mismo y más auténticamente humano. Reprograma mis pensamientos y acciones para que pueda conocer la libertad y la alegría de ser transformado a tu imagen y semejanza.

26 de diciembre: San Esteban, protomártir

"¡Soy cristiano!"

Lecturas: Hch 6, 8-10; 7, 54-59; Mt 10, 17-22

Escritura:
Mientras lo apedreaban, Esteban repetía esta oración: "Señor Jesús, recibe mi espíritu". (Hch 7, 59)

Reflexión: Cuando estaba haciendo una investigación en un campo de refugiados en Bulgaria hace unos años, un joven apareció de la nada y me dijo: "Soy cristiano". Sorprendido de que sus primeras palabras fueran tan directas, le pregunté: "¿Por qué eres cristiano?". Él dijo: "Ellos (Estado Islámico / ISIS) se me acercaron mientras vivía en Siria y me preguntaron: '¿Eres cristiano?'. Y yo dije: '¡Sí!'. Y cuando me preguntaron por qué, les dije: 'Soy cristiano porque quiero la paz. Estoy cansado de la guerra y de la violencia, y sólo Cristo puede dar una paz duradera' ". Cuando regresó a casa más tarde ese mismo día, una multitud de personas se acurrucó frente a su casa, y al entrar, descubrió que el Estado Islámico había matado a su madre, a su padre y a toda su familia.

Los mártires no sólo vivían en la iglesia primitiva, sino que también viven hoy. Mientras que el tiempo de Navidad evoca bastones de caramelo y galletas, el calendario litúrgico es sobrio al colocar la fiesta del primer mártir cristiano dentro de las veinticuatro horas de su celebración del nacimiento de Jesús. Para que no nos volvamos demasiado sentimentales, esta fiesta nos recuerda que nuestra fe exige un sí sincero y comprometido, no sólo un recuerdo simbólico y ceremonial. Puede que no suframos una violencia y persecución tan dramática como la que sufren muchos hoy en día, pero aun así nos convoca a dar testimonio del Dios de la paz, incluso y sobre todo en medio de la violencia que trata de desgarrar nuestro mundo.

Meditación: "La paz no es la mera ausencia de la guerra", señala el Vaticano II; sino es ". . . obra de la justicia" y "fruto del amor". Requiere no sólo el ejercicio de una autoridad externa sino el desarrollo de una autoridad interna que viene de dominar las pasiones internas que nos desgarran y nos quitan la paz. En respuesta a la violencia contra él, Esteban confió su vida a Dios, y al final oró: "Señor Jesús, recibe mi espíritu". En medio de nuestros propios conflictos, presiones de grupo y malentendidos, ¿cómo buscamos encontrar la paz?

Oración: Señor, cuando la gente se vuelve contra mí, es tan fácil reaccionar y tomar represalias en vez de responder con fe y amor. Concédeme un corazón como San Esteban que confíe en ti, aunque me cueste, para perseverar, aunque sea difícil, y para buscar la paz que sólo tú puedes dar.

27 de diciembre: San Juan, apóstol y evangelista

El duodécimo hombre y el poder del amor

Lecturas: 1 Jn 1, 1-4; Jn 20, 1a. 2-8

Escritura:
Los dos iban corriendo juntos, pero el otro discípulo corrió
más aprisa que Pedro y llegó primero al sepulcro. . . .
(Jn 20, 4)

Reflexión: Vivo y trabajo en un lugar con una larga tradición
de fútbol. El día del partido, cada vez que el equipo se enfrenta a una jugada crítica, los aficionados locales se ponen
de pie y agitan las llaves en sus manos para ayudar a estimu-
lar a los once miembros del equipo hacia la zona de anotación.
Este animado ritual se ha convertido en algo tan esencial
para motivar a los jugadores que algunos se refieren ahora
al público local como el "duodécimo hombre" del equipo.

Las lecturas de hoy nos dan una idea de la manera en que
la primera comunidad de discípulos se unió y de la manera
en que corrieron. Leemos especialmente la forma en que
Pedro y el "otro discípulo" corrieron hacia la tumba vacía,
y cómo el otro discípulo corrió más rápido que Pedro. De
todos los detalles que hay que contar en los albores de este
acontecimiento cósmico que se desarrolla en medio de nosotros, parece extraño que el evangelista mencione cómo un
discípulo corría más rápido que el otro, ¡como si una competencia atlética interdisciplinaria fuera a importar!

Hasta que nos damos cuenta de que el que corría más rápido era el Discípulo Amado. Junto con María, él nos recuerda que, a la larga, es el amor lo que realmente importa, porque es el amor la clave de toda la historia humana.

Porque él sabe que es amado, tiene poder, no sólo para correr físicamente, sino también para correr como dice Pablo, para ganar el premio y descubrir que nuestro Redentor vive, y ¡su victoria sobre la tumba es la mayor victoria de todas!

Meditación: En Norteamérica, estos días están marcados por *bowl games* y competiciones de fútbol. Implican momentos de entrenamiento y coaching, de tanteo, de marcar y de perder y ganar. Por mucho que estos eventos sean un tiempo para mostrar talento, disciplina y valor, las Escrituras hoy nos invitan más allá de nuestros televisores para ver el panorama más amplio. El evangelio ofrece una visión de la vida que no se trata de una competencia en la que uno gana y el otro pierde, sino de correr una carrera que es empoderada por el amor. ¿Cómo puede mi propia memoria del amor fortalecer mis pasos para amar y servir a los demás?

Oración: Señor, tú amaste a tus discípulos con un amor más fuerte que la muerte. Que tu amor fortalezca mis pasos y me fortalezca para superar toda adversidad. Ayúdame a descubrir de nuevo el amor que todo lo sufre, todo lo cree, todo lo espera y todo lo soporta (cfr. 1 Cor 13, 7).

28 de diciembre: Los Santos Inocentes, mártires

El amor del poder y el poder del amor

Lecturas: 1 Jn 1, 5–2, 2; Mt 2, 13-18

Escritura:
". . . Herodes va a buscar al niño para matarlo". (Mt 2, 14)

Reflexión: Cuando recibe la noticia de que ha nacido un nuevo rey en su jurisdicción, el rey Herodes tiene la inquietante sensación de que éste tiene la autoridad para desbancarlo. Mientras suda y entra en pánico, uno sólo puede imaginar el discurso interior de Herodes: ¿Qué pasará si ya no soy rey? ¿Qué dirán los demás? ¿Quién seré si me quitan todos estos privilegios?

Temeroso de perder su trono, se aferra al poder que cree tener y toma medidas extremas para preservarlo, hasta el punto de matar a todos los niños menores de dos años. Su amor por el poder lo ha consumido tanto que lo ha hecho prisionero de sus propias pasiones, lo que le costará su propio corazón.

Gobernado por el miedo, pierde de vista el amor que podría salvarlo. En su lugar, elige un poder egoísta que brilla encantador pero que terminará en la vergüenza. En contraste, el Rey recién nacido inaugura un reino diferente, marcado por un poder de entrega de sí y que está escondido en la humildad pero que terminará en la gloria. Mientras Herodes sacrifica las vidas de otros para salvar su propio poder, el Rey recién nacido renuncia a su propio poder para salvar a otros.

Ambos nos confrontan con dos preguntas ineludibles: ¿Qué gobierna nuestros corazones? ¿Y dónde buscamos la salvación? Mientras Herodes elige el camino que conduce al amor del poder, Jesús revela un nuevo camino a través del poder del amor.

Meditación: Por mucho que nos gustaría pensar lo contrario, Herodes no es una figura histórica aislada. Incluso en nuestros tiempos, hay muchos líderes que buscan preservar su propio poder a cualquier precio, incluso cuando eso significa desarraigar a millones y enviarlos a otro país como refugiados, como la Sagrada Familia. Es fácil señalar con el dedo a los que están en el poder, pero es más difícil mirar en nuestros corazones y ver la forma en que nos hemos vuelto indiferentes a los que hoy huyen de la violencia en su patria y viven, como las Naciones Unidas definen a los refugiados, bajo un "temor bien fundado a la persecución".

Oración: "Pidamos al Señor", oró el Papa Francisco en Lampedusa, "que quite la parte de Herodes que se esconde en nuestros corazones . . . por la gracia para llorar nuestra indiferencia . . . sobre la crueldad de nuestro mundo . . . y de todos aquellos que en el anonimato toman decisiones sociales y económicas que abren la puerta a situaciones trágicas [que resultan en la pérdida de vidas]".

29 de diciembre:
La Sagrada Familia de Jesús, María y José

Un paso a la vez

Lecturas: Sir 3, 2-6. 12-14; Col 3, 12-21 o 3, 12-17; Mt 2, 13-15. 19-23

Escritura:
De Egipto llamé a mi hijo. (Mt 2, 15)

Reflexión: Con los ejércitos de Herodes persiguiéndolos y su hijo en la mira, ¡esta nueva familia tiene un comienzo difícil! ¡Sería un comienzo difícil para cualquier familia, ni que hablar para la Sagrada Familia ungida de Dios! Su papel privilegiado en la historia de la salvación no los dispensó de los desafíos, incertidumbres y vulnerabilidades que son parte de cada viaje humano.

Aunque esta historia nos resulte familiar, las pruebas subyacentes de esta familia no deben pasarse por alto a la ligera. En lugar de establecerse en un lugar, son desarraigados por la fuerza y huyen a Egipto para evitar la furia asesina de Herodes. Sólo podemos imaginar las muchas veces que María y José deben haber pensado: *Dios bueno, si este hijo nuestro es tan especial, ¿por qué tenemos que pasar por tantas dificultades?* A medida que se desarrolla el drama, sólo podemos preguntarnos por qué Dios permitió que su propia familia, e incluso él mismo, sufriera tal tribulación.

A medida que entramos más profundamente en este misterio, nos damos cuenta de que Dios, en Jesús, no sólo deja su patria y entra en nuestro mundo roto como un "migrante divino", sino que él y su familia también se convierten en refugiados. Mateo sólo nos da diez versículos breves para describir este viaje, pero sabemos que, al salir de Egipto, su historia se alineará con la historia de Israel. Pero esta vez la promesa en el horizonte no es sólo para liberarnos de la esclavitud física, sino para liberarnos de la esclavitud del pecado y de la muerte en un viaje que nos llevará al camino de la salvación.

Meditación: Hoy en día hay más de sesenta y cinco millones de personas en nuestro mundo, como María, José y Jesús, que son desplazados a la fuerza de sus países de origen debido a la persecución, la guerra o la violencia. Sólo podemos imaginar cómo se sintió la Sagrada Familia cuando personas de buen corazón les ayudaron sin sospechar en su necesidad y les extendieron gestos espontáneos de apoyo y bondad. No podemos hacer todo lo posible para aliviar el dolor de los que se desplazan, pero sí podemos hacer algo. ¿Cómo puedo hacer que un extraño se sienta bienvenido hoy, honrar su dignidad o acercarme a los que están cerca de mí y viven lejos de su tierra natal?

Oración: Señor, sin conocer el camino a seguir, la Sagrada Familia aprendió a confiar en ti paso a paso mientras navegaban a través de los desafíos de la vida. Guíame en tu bondad, incluso cuando no conozco el camino a seguir o cómo me estás guiando.

30 de diciembre:
Sexto día de la Octava de la Natividad del Señor

Mejorando en tiempos de amargura

Lecturas: 1 Jn 2, 12-17; Lc 2, 36-40

Escritura:
. . . dando gracias a Dios y hablando del niño a todos los que aguardaban la liberación de Israel. (Lc 2, 38)

Reflexión: Para la mayoría de nosotros, el Adviento y la Navidad son tiempos muy ocupados. Gastamos mucha energía comprando y socializando, cocinando y comiendo, envolviendo regalos y apresurándonos. Sin embargo, incluso cuando hay momentos de renovado encuentro con familiares y amigos, las vacaciones también pueden ser un tiempo muy solitario para muchas personas. Los recuerdos de seres queridos que han fallecido, los conflictos relacionales no resueltos y otras necesidades emocionales no satisfechas nos pueden dejar hambrientos de una conexión más allá de las campanas sonoras y el muérdago. Cuando estos desafíos internos se vuelven difíciles de enfrentar, podemos lanzarnos a una actividad aún más frenética, esperando que ser "productivos" nos haga sentir mejor.

Sin embargo, las lecturas de hoy nos muestran otro camino. Se nos presenta a una profetisa llamada Ana, que inevitablemente conocía las dificultades y la soledad. Aprendemos que fue viuda durante más de sesenta años y que tuvo una profunda cercanía a Dios que le daba esperanza en tiempos difíciles. Lucas hace una nota especial de su oración y ayuno. En lugar de centrarse en sus problemas, agradecía a Dios por su generosa providencia. En vez de huir de su soledad, encontró formas de crecer en la devoción a Dios. En lugar de convertirse en una persona amargada, encontró la manera de ser mejor. En medio del ajetreo de la vida, nunca perdió de vista el "negocio" de su vida. A través de su devoción, obtuvo una visión interior que le permitió mirar más allá de los problemas de la vida, hacia una esperanza sin fin en Aquel que es el único que restaura la creación.

Meditación: Si la indulgencia de las galletas navideñas y los bastones de caramelo nos ha dejado con una resaca dulce, entonces deberíamos tomarnos un tiempo para explorar los beneficios del ayuno. El ayuno no sólo ayuda a desintoxicar el cuerpo, sino que aclara la mente y fortalece el espíritu. Ana destaca la manera en que tales prácticas paradójicamente pueden profundizar nuestra hambre de Dios. A medida que este año llega a su fin, tómese un momento para leer un artículo sobre los beneficios positivos del ayuno, y experimente con las maneras en que puede ponerlo en contacto con el hambre de un viaje más profundo con Dios.

Oración: Ralentízame, Señor, y tranquiliza mi corazón. Llévame más allá de mis necesidades y quereres para ver las hambres más profundas de mi vida. Como Ana, ayúdame a descubrir las maneras en que el ayuno y la oración pueden simplificar mis necesidades, fortalecer mi esperanza y acercarme a ti.

31 de diciembre:
Séptimo día de la Octava de la Natividad del Señor

Poniendo la bondad de nuevo en su trono

Lecturas: 1 Jn 2, 18-21; Jn 1, 1-18

Escritura:
La luz brilla en las tinieblas y las tinieblas no la recibieron.
(Jn 1, 5)

Reflexión: Hace algunos años, una pareja de Ruanda se me acercó con un proyecto desafiante. Habían sobrevivido al genocidio de 1994, cuando un millón de personas en su país fueron asesinadas en cien días a causa de enfrentamientos étnicos. Muchos de sus familiares y amigos fueron asesinados durante ese genocidio. En medio de la locura, se refugiaron en el "Hotel Mille Collines", popularmente conocido como "Hotel Ruanda" por la película de ese nombre. Me preguntaron si los acompañaría en su búsqueda de Dios en medio del derramamiento de sangre. Acepté de buen grado. Pero honestamente no tenía idea de cómo hablar auténticamente de Dios desde un contexto tan oscuro.

Un equipo de nosotros finalmente fue a Ruanda para explorar este tema, y nunca olvidaré el caminar a través de las iglesias donde tantos fueron masacrados. Hoy sus huesos están en exhibición en la parte posterior de estas iglesias, donde las almas de los inocentes todavía claman al cielo por reparación.

Hacia el final de nuestro tiempo en Ruanda, le preguntamos a una religiosa qué lección debería aprender la humanidad del genocidio de Ruanda. Recordando una experiencia espiritual muy específica, dijo: "En Ruanda, la humanidad había descendido a su punto más bajo, y experimenté el miedo como nunca antes. Dios no me quitó estos temores", dijo, "pero me dio la fuerza para pasar por ellos. Y desde este lugar más oscuro, escuché a Dios llamándome a ser un mensajero de luz y esperanza y a volver a poner la bondad en su trono".

Meditación: Mientras la oscuridad del mundo de hoy nos confronta, es fácil sentirse abrumado e impotente. No sólo no sabemos por dónde empezar, sino que nos preguntamos si nuestros esfuerzos para combatir el mal que nos rodea marcarán la diferencia. Nuestras lecturas de hoy nos recuerdan que nuestra esperanza no está en ver resultados tangibles de nuestros esfuerzos, sino en confiar en Aquel a quien confesamos como la Luz del Mundo. Mientras espero el amanecer de un nuevo año, ¿de qué manera puedo mirar hacia la luz en medio de las tinieblas del mundo y volver a poner la bondad en su trono?

Oración: Amado Dios, tú entras en los lugares más oscuros del corazón humano y abres un camino de esperanza para toda criatura. Deja que tu bondad reine en mi corazón, y ayúdame a ser una encarnación visible del amor que tienes por todos, especialmente por los más necesitados de tu gracia y misericordia.

El plan Belén-pesebre

Lecturas: Nm 6, 22-27; Gal 4, 4-7; Lc 2, 16-21

Escritura:
En aquel tiempo, los pastores fueron a toda prisa hacia Belén y encontraron a María, a José y al niño, recostado en el pesebre. (Lc 2,16)

Reflexión: Enseño un curso de nivel universitario sobre los fundamentos de la teología. Cuando empezamos a estudiar el Nuevo Testamento, les pido a los estudiantes que consideren cómo sería si Dios los nombrara miembros de su consejo de asesores superior. En su primera reunión, Dios les pide su opinión sobre cómo salvar a la humanidad de su propia autodestrucción. La única condición es que respeten el libre albedrío. Sus percepciones son, en una palabra, "reveladoras".

A algunos se les ocurre una opción de "conmoción y temor" que obligaría a la gente a someterse sobrecogida después de ver el poder de Dios. Otros proponen una opción de "fama y estatus" donde una celebridad entrega el mensaje de Dios para hacerlo más "creíble". Otros proponen una especie de "divino bitcoin" en el que la gente se abre camino hacia un nuevo reino a través de una "moneda" que se incrementa cada vez que hacen buenas obras. De todas las posibilidades, sin embargo, nadie se atreve a sugerir la opción del "pesebre de Belén", donde Dios ofrece gratuitamente su misericordia a todos. ¿Quién pensaría que la manera de salvar el mundo sería a través de un niño en un pesebre? ¿O ungir a los pastores como primeros mensajeros de esta buena nueva? ¡La mayoría lo habría descartado como poco práctico, inviable e incluso peligrosamente ingenuo!

La entrada de Dios en nuestro mundo en un estado tan humilde debe desafiar y renovar todas nuestras mentalidades convencionales. Nuestra fe nos dice que volverá en gloria. Pero ahora nos invita a estar cerca de él en su humanidad y vulnerabilidad.

Meditación: Comenzamos este nuevo año honrando a María, la Madre de Dios. Ella es reconocida por muchos nombres a lo largo de la historia, pero el Papa Francisco ha promovido en particular la devoción a Nuestra Señora, la Desata-nudos. Una novena en su nombre pone de manifiesto que, si Eva, a través de su desobediencia, ató el nudo del pecado que está en la raíz de todos los problemas humanos, entonces María, como la nueva Eva, tiene el poder de deshacer los complicados problemas de nuestras vidas si los entregamos a ella. Al comenzar este nuevo año, ¿qué nudos en mi vida necesitan la ayuda de Mariá para ser desatados?

Oración: Señor, con demasiada frecuencia trato de hacer todo yo mismo y soy demasiado orgulloso para pedir ayuda. Sólo tú puedes salvarnos. Ayúdame a descubrir de nuevo tu poder que trae nueva vida, y con la ayuda de María, desata los nudos internos que me impiden ser libre.

*2 de enero: Santos Basilio Magno y
Gregorio Nazianzeno, obispos y doctores de la Iglesia*

Haciendo espacio para Cristo

Lecturas: 1 Jn 2, 22-28; Jn 1, 19-28

Escritura:
"Yo bautizo con agua, pero en medio de ustedes hay uno, al que ustedes no conocen, alguien que viene detrás de mí, a quien yo no soy digno de desatarle las correas de sus sandalias". (Jn 1, 26-27)

Reflexión: El P. Joe Pawlicki, CSC, trabajó entre los migrantes en el Valle de Coachella del Sur de California durante décadas hasta que falleció en 1999. Fundó un programa de retiros llamado el Programa Misionero del Valle, y ha tenido un tremendo efecto transformador en las vidas de decenas de miles de personas. Una noche, antes de que comenzara un retiro, me sorprendió el estruendoso aplauso que le dio la bienvenida cuando entró en la habitación. Más tarde esa noche nos reunimos, y le pregunté cómo entendía su ministerio. "No se trata de las grandes multitudes, ni de los elogios de la gente", me dijo. "Cuando empecé este trabajo, me pidieron que diera una charla en una parroquia a unas cuatro horas de casa. Me costó mucho trabajo prepararme y viajar hasta allí, y esperaba que viniera mucha gente. Pero cuando llegué, sólo apareció una persona. En mi desilusión y frustración, le dije a Dios: '¿Por qué me trajiste hasta aquí por una sola persona?' En ese momento sintió que Dios le decía: *'Es así como funciona, Joe: sirviendo a la gente una persona a la vez'*". A partir de esa perspicacia, construyó un programa de retiros basado en un modelo individual de evangelización. Su ministerio fue fructífero porque siempre entendió su ministerio dentro de un contexto más amplio, que no era ponerlo en el centro de atención, sino guiar a la gente hacia Aquel que es la única Luz del Mundo.

Meditación: Juan el Bautista tenía un sentido tan claro de la gran imagen del reino de Dios que se veía a sí mismo como insignificante en comparación, tanto que no se consideraba digno ni siquiera de desatar las sandalias del Mesías, que era obra de un esclavo. A pesar de las multitudes que atraía, Juan se dio cuenta de que su ministerio no se trataba de él, sino de Jesús. En nuestro propio trabajo, podemos fácilmente ser tentados a usar a otros para servir nuestras propias necesidades en lugar de las necesidades de otros. ¿De qué manera trato de ser el centro de atención en lugar de centrar mi atención en Jesús?

Oración: "Como cristiano, estoy llamado a ser otro Cristo; por lo tanto, debo vaciarme de mí mismo para hacer lugar para Él. Ay de mí si mis hermanos y hermanas vinieran a buscar a Cristo, y en cambio me encontraran sólo a mí".

3 de enero: Viernes antes de la Epifanía
(El Santísimo Nombre de Jesús)

El quitamanchas divino

Lecturas: 1 Jn 2, 29–3, 6; Jn 1, 29-34

Escritura:
. . . vio Juan el Bautista a Jesús, que venía hacia él, y exclamó: "Éste es el Cordero de Dios, el que quita el pecado del mundo". (Jn 1, 29)

Reflexión: La historia del Macbeth de William Shakespeare gira en torno al deseo de poder de una pareja y el precio que están dispuestos a pagar por ello. El personaje del título es un soldado exitoso, pero su ambiciosa esposa, Lady Macbeth, conspira para matar al actual rey Duncan para que su marido pueda ascender al trono. Sin embargo, Lady Macbeth subestima el costo de este crimen en su propia alma, y a medida que la narración se desarrolla se ve atormentada por su culpa. En la última parte de la historia camina sonámbula por el castillo en una estupenda culpabilidad, e imaginando la sangre del rey en sus manos, intenta lavársela con las famosas palabras: "¡Fuera, maldita mancha! ¡Fuera, he dicho!" Por mucho que lo intente, no puede eliminar la mancha de sus fechorías con su propio poder.

Cuando Juan el Bautista emerge en las lecturas de hoy, reconoce al único que puede quitar la mancha que mancha la conciencia de todo ser humano. Incluso Juan, en toda su

82 *Tiempo de Navidad*

santidad, no tenía el poder de quitarlo. Cuando nombra a Jesús como el Cordero de Dios, alude a la esperanza de liberación de Israel (ver Éxodo 12) y a la predicción del profeta de un siervo sufriente (ver Isaías 53). Con el tiempo el libro del Apocalipsis hablará de la victoria final prometida de este Cordero, que quita las manchas, lava las ropas y las blanquea con su propia sangre (véase Ap 7, 13). ¿Dónde necesito el toque redentor del Cordero para quitar la mancha del pecado?

Meditación: La culpa no es fácil de enfrentar. Pero es imposible de ignorar. Si no nos ocupamos de ella, se ocupa de nosotros. Jesús vino a quitar esa culpa y a quitar la mancha de las vestiduras interiores de nuestra alma. Cuando oímos las palabras "Este es el Cordero de Dios" en la liturgia, es una oportunidad no sólo para entrar más profundamente en la historia de Israel, sino también en nuestra propia historia. Aunque no somos dignos de recibir esta misericordia, Dios la comparte libremente. Pase un rato con las palabras "Dichosos los invitados a la cena del Cordero".

Oración: Señor, no viniste para ser servido, sino para servir y para darte a ti mismo como rescate por muchos. Ayúdame a amar a los demás con el amor con el que tú me has amado, y que yo mire mi propia vida y la de los demás con los ojos de tu misericordia.

4 de enero: Santa Elizabeth Ann Seton, religiosa

Suscitando los deseos del corazón

Lecturas: 1 Jn 3, 7-10; Jn 1, 35-42

Escritura:
Jesús . . . se volvió hacia ellos, y viendo que lo seguían, les preguntó: "¿Qué buscan?". (Jn 1, 38)

Reflexión: Una de las clases que doy se llama "El deseo del corazón y el cambio social". Es una oportunidad para que los estudiantes universitarios exploren la conexión entre los deseos más profundos de sus corazones y las necesidades y desafíos del mundo. En la mayoría de los casos, los estudiantes pueden identificar un problema global en el "mundo exterior" que los desafía, pero con frecuencia tienen más dificultades para resolver los problemas de su "mundo interior". Sin desconectar periódicamente de la vida cotidiana, es difícil escuchar lo que se agita dentro de nosotros.

Cuando Jesús ve por primera vez a los discípulos de Juan el Bautista en el evangelio de hoy, les pregunta sobre los deseos de su corazón: "¿Qué buscan?". A su vez, ellos también le hacen una pregunta, pero no es "¿Qué debemos hacer?". Preguntan primero dónde vive, dónde vive en su corazón más íntimo.

Los primeros discípulos nos recuerdan que el seguimiento de Cristo comienza con morar en Cristo, entrando en el lugar de su amoroso abrazo, permaneciendo bajo la mirada de su tierna misericordia. Implica vivir con un corazón abierto al amor, un corazón dispuesto a cambiar, un corazón dispuesto a servir, un corazón dispuesto a escuchar. Nos ayudan a recordar que el mundo no tiene hambre de gente más ocupada, sino de gente con un corazón más grande que está tan en casa con Dios que se convierte en una puerta hacia Dios. Seguir a Jesús comienza con aprender a habitar en el amor y a buscar sobre todo la cercanía al corazón del Padre.

Meditación: En una época en la que nuestros corazones y mentes están tirados en tantas direcciones, es fácil confundir nuestras necesidades con nuestros deseos más profundos. Jeremías castiga al pueblo de Israel por dos males: ". . . me ha abandonado a mí, que soy manantial de aguas vivas, y se han cavado pozos, pozos agrietados que no retendrán el agua" (Jer 2, 13). Para acercarnos más a Dios, tenemos que pasar tiempo con Dios. Al comenzar este nuevo año, ¿cómo puedo entrar en un ritmo más animado que haga tiempo para morar con Dios?

Oración: Señor, a menudo mis necesidades y deseos me llevan a demasiados lugares, y pierdo la noción de lo que realmente importa. Enséñame, a través de mi experiencia de lo que realmente perdura, a cimentarme en los deseos que me llevan a ti, y a poner mi corazón en tu reino.

LA EPIFANÍA Y
EL BAUTISMO DEL SEÑOR

5 de enero: La Epifanía del Señor

Los tesoros ocultos

Lecturas: Is 60, 1-6; Ef 3, 2-3a. 5-6; Mt 2, 1-12

Escritura:

Unos magos de oriente llegaron entonces a Jerusalén y preguntaron: "¿Dónde está el rey de los judíos que acaba de nacer? Porque vimos surgir su estrella y hemos venido a adorarlo". (Mt 2, 1-2)

Reflexión: Cuando Dios descendió a la tierra en Jesús, una estrella ascendió en los cielos, señalando que algo poderoso había sucedido en el cosmos. Los magos ven este evento celestial y se asombran. En respuesta, ellos dejan atrás lo que tienen, salen de sus zonas de confort y se ponen en marcha en un camino desconocido. ¿Qué fue lo que encendió sus corazones y los llevó a dejar sus tierras natales y viajar a un territorio extranjero? Incluso cuando no conocen el camino, conocen su lugar en el universo y que sus vidas están al servicio de la visión más amplia del reino de Dios. No sólo tomaron grandes riesgos, sino que salieron en busca de un tesoro que era mayor que sus riquezas terrenales, sus ambiciones humanas o su poder político. Sabían que había un tesoro más grande que este mundo tiene para ofrecer, y querían encontrarlo. Herodes también recibe noticias de este gran acontecimiento, pero no está dispuesto a pagar el mismo precio. En lugar de entregar todo lo que se le ha dado a un reino mayor, se inquieta y se preocupa y trata de proteger el pequeño reino que cree que tiene. La tradición dice que los magos, como Herodes, eran reyes. Pero la diferencia entre Herodes y ellos es que se veían a sí mismos como servidores y no como dueños de todo lo que se les confiaba. En vez de aferrarse a lo que tenían como Herodes, abrieron sus tesoros y ofrecieron a este recién nacido Rey oro, incienso y mirra.

Meditación: Los magos han sido conocidos por muchas cosas, pero aquí pueden ser considerados "sabios" especialmente por la forma en que entendieron sus vidas, y todo lo que poseían, dentro del marco más amplio del reino de Dios. Como Herodes, una parte de nosotros busca aferrarse a lo que tenemos, pero los magos nos llaman a ir más allá de nuestras necesidades y deseos para ser más sensibles a la presencia de Dios en medio de nosotros. Nos recuerdan que no debemos adorar a la creación sino al Creador, no a los dones de este mundo, sino a Aquel que generosamente nos los da. ¿De qué maneras convierto yo en ídolos las cosas de esta tierra?

Oración: Dios de amor, como Herodes, a menudo trato de controlar mis pequeños reinos en vez de rendirme al poder de tu reino. Déjame soltar, Señor, y contén mi corazón. Como los magos te atesoraron más que nada en este mundo pasajero, ayúdame así a buscarte por encima de todas las cosas y a conocer el don de tu paz.

6 de enero: Lunes después de la Epifanía
(San Andrés Bessette, religioso)

La fuerza de Dios y la debilidad humana

Lecturas: 1 Jn 3, 22–4, 6; Mt 4, 12-17. 23-25

Escritura:
. . . se pensaba que era hijo de José. (Lc 3, 23)

Reflexión: "Con los pinceles más pequeños", decía San Andrés Bessette, "el artista pinta los cuadros más hermosos". En el lienzo de este hermano pequeño, enfermo, inculto y analfabeto, Dios esbozó los colores de su cuidado compasivo por todas las criaturas, especialmente las que tienen sufrimiento y dolor.

Aunque fue rechazado por primera vez cuando pidió ingresar, debido a su mala salud, pasó la mayor parte de sus años en la Congregación de la Santa Cruz. Al entrar, le dieron el trabajo de portero en el Colegio de Nuestra Señora en Quebec y pasó cuarenta años abriendo puertas a los estudiantes cuando llegaban a la escuela. Con el tiempo, su misión central evolucionó para abrir a las personas al abrazo de Dios en medio de su propia lucha y sufrimiento. La experiencia de su propia debilidad paradójicamente fortaleció su espíritu y lo sensibilizó al dolor de los demás. Desde este corazón aconsejaba a la gente a orar "no para ser librados de las pruebas, sino que pidan la gracia de soportarlas bien". Aunque se le atribuyen miles de curaciones milagrosas,

André nunca afirmó que este poder provenía de sí mismo, sino sólo de Dios, por intercesión de San José.

A medida que la noticia de las curaciones milagrosas se fue difundiendo, los peregrinos vinieron a visitar a Andrés por centenares y luego por millares. Ahora, casi ocho décadas después de su muerte, más de dos millones de personas visitan el Oratorio San José de Montreal cada año. La profunda fe, devoción y dedicación de Andrés dan testimonio no sólo del deseo de Dios de llevar la integridad a su pueblo, sino también de su poder en la debilidad humana.

Meditación: Muchas veces pensamos que nuestras debilidades son impedimentos para Dios y faltas que tenemos que superar para ser más dignos y aceptables. No es fácil practicar la bondad amorosa, especialmente hacia nosotros mismos, pero paradójicamente, cuanto más aceptamos la aceptación de Dios de lo que somos, más podemos practicar esa misma bondad amorosa hacia los demás. Andrés nos da una gran ventana a las formas en que Dios puede transformar nuestras debilidades en fortalezas. ¿Cuáles son algunas de las debilidades y limitaciones con las que actualmente sufro, y cómo puedo permitir que Dios las transforme a través de la cruz en un don para los demás?

Oración: Señor, tú elegiste al hermano Andrés para difundir la devoción a San José y para dedicarse a los pobres y afligidos. Concédenos la gracia de imitar su humildad y caridad, para que, con él, podamos compartir la recompensa prometida a todos los que cuidan de su prójimo por amor a ti.

7 de enero: Martes después de la Epifanía

Globalizando la solidaridad

Lecturas: 1 Jn 4, 7-10; Mc 6, 34-44

Escritura:

. . . Jesús, vio una numerosa multitud . . . y se compadeció de ellos, porque andaban como ovejas sin pastor, ... (Mc 6, 34)

Reflexión: En el verano de 2013, un barco abarrotado de refugiados partió de la costa norteafricana y se lanzó al mar abierto. Huyendo de la violencia y los disturbios, esperaban llegar a las costas europeas. Sin embargo, durante el viaje, su barco zozobró y la mayoría de ellos se ahogaron en medio del Mediterráneo. Ocho de ellos sobrevivieron al naufragio aferrándose a las redes de pesca de un barco cercano. Cuando estos refugiados vieron a los pescadores a lo lejos, pidieron ayuda desesperadamente, pero cuando los pescadores vieron a los refugiados aferrados a sus líneas, los soltaron para morir en las profundidades del océano.

Cuando el recién elegido Papa Francisco escuchó esta historia, lo conmovió profundamente y llegó a él, dijo, "como una dolorosa espina en mi corazón". En respuesta, quiso hacer "un signo de . . . cercanía" con los que sufren y son separados de la comunidad humana y para desafiar la conciencia del mundo, "para que esta tragedia no se repita". Ocho días después realizó su primera visita pastoral fuera del Vaticano a la pequeña y aislada isla italiana de Lampedusa, donde, con un cáliz tallado a partir de un barco de refugiados hundido, celebró la Misa y predicó contra la "globalización de la indiferencia" a los que sufren a nuestro alrededor.

En el evangelio de hoy leemos acerca del corazón de Jesús que se rompe al ver a la gente que sufre. ¿Qué asunto social me rompe el corazón? Hoy, ¿cómo puedo dar un pequeño paso para contrarrestar la "globalización de la indiferencia" con una globalización de la solidaridad?

Meditación: En respuesta a las multitudes hambrientas, Jesús no se alejó del mundo que lo llamaba en necesidad. Aunque unido al cuidado infinito del Padre, también experimentó las limitaciones humanas. No se desesperó cuando se enfrentó a tantos que venían a él para ser sanados. Como los discípulos, con frecuencia podemos sentirnos abrumados e impotentes, que no somos capaces, o no tenemos suficiente, para responder a las necesidades del mundo. Jesús llamó a sus discípulos —y a nosotros— a abrir nuestros corazones, a trabajar juntos y a compartir lo que tenemos. En lugar de tratar de hacerlo todo por mi cuenta, ¿con qué organización puedo asociarme para abordar un área crítica de la necesidad humana?

Oración: Señor, con tanta frecuencia me enredo tanto en mi propio mundo que me vuelvo indiferente al sufrimiento de los demás a mi alrededor. Concédeme un corazón de carne y un espíritu receptivo para sentir lo que sentiste al ver a las multitudes hambrientas, para contrarrestar la indiferencia del mundo con generosidad compasiva.

Mares turbulentos y aguas tranquilas

Lecturas: 1 Jn 4, 11-18; Mc 6, 45-52

Escritura:
"¡Ánimo! Soy yo; no teman". (Mc 6, 50)

Reflexión: Siempre he estado un poco mareado en los barcos. Dejar la seguridad de la tierra y lanzarse a la inseguridad del mar, siempre me ha inquietado. ¿Y si le pasa algo a esta frágil nave que me mantiene a flote? Las lecturas de hoy llevan esa ansiedad a un nuevo nivel. Son entre las tres y las seis de la mañana, y encontramos a los discípulos en una barca lanzada por la tormenta. Las olas chocan en la proa, el agua llena el casco y todavía están lejos de la tierra. ¿Quién no tendría miedo? Como si su miedo a ahogarse no fuera suficiente, ven a Jesús caminando sobre el mar, y eso los asusta. Pero él ve sus luchas, y se acerca a ellos. Él dice una palabra, y todo se queda en silencio. Se sube a la barca y los vientos se calman. ¿Quién es este hombre? Marcos quiere que veamos que Jesús es más que un hacedor de milagros que camina sobre el agua y multiplica los panes. Él es quien tiene poder sobre las fuerzas de la naturaleza en el Génesis, el que alimenta a los israelitas en el desierto en el Éxodo, y el que nos llama a creer en él. En medio de nuestras más profundas ansiedades y conflictos más tumultuosos, él se revela como el Dios que nos creó, nos rescata y está con nosotros. Incluso cuando las fuerzas amenazan con volcarnos, él quiere que lo traigamos a bordo y que respondamos con fe y confianza en su poder para salvarnos.

Meditación: Más a menudo de lo que nos gustaría admitir, el miedo frecuentemente controla nuestras vidas y nos mantiene la esclavitud. Cuando los acontecimientos inesperados causan una tempestad interior, nos encontramos en el mismo barco que los discípulos. Sin embargo, cuando tuvieron miedo de no tener suficiente comida, él les dio de comer. Cuando tuvieron miedo de ahogarse, él calmó los mares. ¿Qué es lo que desencadena mis miedos? ¿Cómo respondo cuando me encuentro con aguas bravas y mares tormentosos? ¿Y adónde me llevan? Al hablar con sus discípulos, nos habla a nosotros: "Ánimo, no tengan miedo".

Oración: Ven a mi barca, Señor, y mantén firme mi timón en medio de las tormentas de mi vida. Concédeme una fe que confíe en medio de las pruebas y un amor que expulse todo temor, hasta que atraviese los mares turbulentos de este mundo y me lleves a puerto seguro.

Reformateo de nuestras unidades de disco duro internas

Lecturas: 1 Jn 4, 19–5, 4; Lc 4, 14-22a

Escritura:
El Espíritu del Señor está sobre mí. . . . (Lc 4, 18)

Reflexión: Por varias razones, periódicamente reformateo el disco duro de mi computadora. La corrupción del software, el malware y los virus me llevan a borrar el sistema existente y a reinstalar el software original. Una vez que recupera su "imagen de fábrica", funciona como una máquina completamente nueva.

En el evangelio de hoy leemos acerca de la visión de la misión de Jesús, que es ayudar a la humanidad a recuperar su imagen original y su semejanza con Dios, que ha sido corrompida por el pecado. Esta misión revela el deseo de Dios de redimir a toda la humanidad, no sólo a los judíos, de su pobreza, esclavitud y ceguera. Esto enfureció a los reunidos en la sinagoga, que pensaban que eran los únicos elegidos de Dios. Pero Jesús los desafía a reformatear su pensamiento estrecho y egocéntrico y a ser liberados de la pobreza, la esclavitud y la ceguera que les ha impedido vivir como hijos de Dios. En su lugar, los llama a descargar un nuevo "software" revelado en la humanidad de Jesús, que es la imagen del Dios invisible y el primogénito de toda la creación.

Al escuchar este pasaje hoy, como se escuchó una vez en una sinagoga de Nazaret, nos consuela, pero también nos perturba. Nos reconforta porque nos promete algo nuevo. Pero nos perturba porque nos llama a cambiar nuestro pensamiento, de los caminos del mundo a los caminos del reino de Dios. ¿Qué patrones de pensamiento y acción me impiden vivir, pensar y actuar de acuerdo a la imagen y semejanza de Dios?

Meditación: Hay muchas maneras en que Wall Street (el mundo de la finanza), Madison Avenue (el mundo de la publicidad) y Hollywood (el mundo del cine) nos han "programado" para pensar en quiénes somos, qué necesitamos y qué es lo que realmente importa. Cuando vivimos según los credos de estos sistemas, caemos en la noción de que todo tiene un precio, incluso el amor. Además, nuestro propio miedo y vergüenza nos hace sentir que no somos dignos. Pero las lecturas de hoy revelan que Dios es amor, y que se nos da gratuitamente sin tener que ganarlo o lograrlo. ¿Dónde necesito dejar que la luz del amor de Dios entre en los lugares más oscuros de mi vida?

Oración: Padre Celestial, reformatea mi mente y mi corazón, y descarga en todo mi ser el Espíritu de tu Hijo. Que tu gracia transforme mis actitudes, valores y pensamientos para que se conformen a tu reino y me permitan redescubrir lo que significa vivir a tu imagen y semejanza.

El cardiólogo divino

Lecturas: 1 Jn 5, 5-13; Lc 5, 12-16

Escritura:
"Señor, si quieres, puedes curarme". (Lc 5, 12)

Reflexión: Cuando era seminarista trabajaba como capellán en un hospital, y una de mis áreas de responsabilidad era la unidad cardiaca. Después de hablar con los pacientes durante un período de tiempo antes y después de sus operaciones, sentí curiosidad sobre el proceso de la cirugía a corazón abierto en sí. En un momento dado pregunté si podía observar una cirugía, y fue en muchos niveles una experiencia contemplativa. No sólo me impresionó profundamente la habilidad técnica de los cirujanos que eran capaces de curar los bloqueos en el sistema de una persona y devolverle la salud, sino que en un nivel más fundamental me impresionó el milagro del propio corazón humano. El corazón humano es un órgano físico cargado de cualidades místicas, y es el lugar privilegiado del encuentro entre lo divino y lo humano. Pero debido a las heridas causadas por el pecado, es también un lugar donde se necesita una profunda curación. En las lecturas de hoy Jesús se revela como el Médico Divino. Cura a un leproso de su enfermedad física, pero también lo sana de su impureza. Aunque en cierto modo esta impureza tenía que ver con la forma en que su lepra lo hacía ritualmente impuro de acuerdo con la ley judía, también nombra la impureza interior que todo ser humano siente en sus profundidades interiores, especialmente en relación con el miedo y la vergüenza. ¿Dónde necesito el toque sanador del Médico Divino hoy para ser restaurado a la salud y limpiado de nuevo?

Meditación: En los evangelios Jesús revela que tiene poder sobre las fuerzas de la naturaleza, sobre las fuerzas del mal, e incluso sobre las fuerzas de la muerte. La única área en la que elige no abusar de su poder es sobre el corazón humano. Respetando nuestro propio libre albedrío, él no entra en nuestros corazones por la fuerza. El leproso en las lecturas de hoy era demasiado humilde para pedir ayuda, y tenía la sabiduría de saber dónde necesitaba sanación. ¿Qué me impide dejar que la sanación de Dios entre en mi corazón y me abra más plenamente a la sanación que él ofrece?

Oración: Sólo tú, como Médico Divino, tienes el poder de restaurar nuestros corazones y hacernos uno contigo. Abre mi corazón, Señor, y hazme limpio. Cura las heridas causadas por el pecado, y que tu vida y tu amor fluyan de ti a través de mí hacia los demás.

11 de enero: Sábado después de la Epifanía

La verdadera adoración

Lecturas: 1 Jn 5, 14-21; Jn 3, 22-30

Escritura:
Hijos míos, no adoren a los ídolos. (1 Jn 5, 21)

Reflexión: Adolf Eichmann fue uno de los principales organizadores del Holocausto durante el reinado del Tercer Reich. Después de la Segunda Guerra Mundial, fue capturado y juzgado en Jerusalén el 11 de abril de 1961. Durante 56 días, la fiscalía presentó 110 testigos y más de 1.600 documentos que atestiguaban sus crímenes de guerra y crímenes de lesa humanidad. Posteriormente, el propio Eichmann subió al estrado para presentar su versión de la historia. Cuando prestó juramento, se le puso delante un Nuevo Testamento, pero en vez de poner su mano sobre las Escrituras, lo dejó a un lado y dijo: "No juro por la Biblia; Juro por Dios Todopoderoso". ¿Cómo puede una persona que orquestó tal maldad decir que cree en Dios? O más precisamente, ¿quién era el dios de Eichmann?

En la primera carta de Juan se nos exhorta: "guárdense de los ídolos". Nos recuerda que una de las grandes vulnerabilidades humanas no es el ateísmo sino la idolatría: no es si creemos en Dios o no, sino en lo que creemos. Juan dice que cuando vivimos en amor, en verdad, en vida, en esperanza, vivimos en el Dios de Jesucristo. ¿Cuáles son los dioses de nuestro tiempo que quieren nuestra atención, exigen nuestra obediencia, pero nos llevan por mal camino? ¿Cómo los ídolos como el consumismo, el culto del dinero, el nacionalismo, el egoísmo y otros dioses nos alejan de nuestro verdadero yo y de nuestra verdadera adoración?

Meditación: Desde los primeros tiempos la iglesia siempre ha mantenido *Ecclesia Semper Reformandum* (la iglesia siempre debe estar en reforma de sí misma). Sin un continuo examen de sí misma sobre cómo su propia vida se ajusta a la vida de Jesucristo, la iglesia cae en los ídolos de su propio interés. Esto no sólo es cierto colectivamente, sino también personalmente. Si queremos convertirnos en un reflejo auténtico del amor del Dios vivo, debemos renunciar a los ídolos de nuestra sociedad que nos llevan por mal camino y permitir que Dios transforme nuestros pensamientos, actitudes y acciones para convertirnos en otro Cristo.

Oración: Señor, muchas veces me resisto al cambio, y quiero convertirte en mi propia imagen y semejanza desordenada en vez de transformarme en tu imagen y semejanza. Dame un corazón abierto que esté dispuesto a cambiar para que pueda llegar a ser quien tú me has creado para ser.

De pie bajo la mirada del amor

Lecturas: Is 42, 1-4. 6-7; Hch 10, 34-38; Mt 3, 13-17

Escritura:
"Este es mi Hijo muy amado, en quien tengo mis complacencias". (Mt 3, 16-17)

Reflexión: El lugar donde Jesús probablemente fue bautizado se llama hoy Qasr el Yahud. Está justo encima del Mar Muerto, que es un lugar estéril sin plantas, peces ni signos visibles de vida. Situada a 1.412 pies por debajo del nivel del mar, es el punto geográfico más bajo de la tierra. Pero aquí hay más que una nota geográfica del evangelista. Revela que Jesús no sólo entra en nuestro mundo como ser humano, sino que literalmente se encuentra con la raza humana en el punto más bajo de nuestra existencia terrenal. En medio de este contexto sin vida, está bajo la mirada del Padre y una voz del cielo dice: "Este es mi Hijo, el Amado; en él me complazco".

Desde los lugares más bajos de nuestra vida, Dios también nos invita a estar con Jesús bajo la mirada del Padre, bajo su amor y misericordia. Sin embargo, cuando realmente nos atrevemos a acercarnos a esta luz inaccesible, a menudo no nos consideramos dignos, y nuestro miedo y vergüenza nos hacen creer que no la merecemos. El evangelio nos trae una historia diferente. Las lecturas de hoy nos recuerdan que

Dios nos ama no porque seamos buenos, sino porque Dios es bueno. Jesús no vino por los justos sino por los pecadores como tú y yo. Vivir nuestro bautismo implica vivir el conocimiento de que somos amados sin reservas y sin condiciones. ¿De qué otra manera podemos responder sino buscando amar a los demás como él nos ha amado?

Meditación: Nos lleva toda la vida aceptar la verdad de nuestro bautismo, darnos cuenta de que somos amados de Dios. Vivir bajo la mirada de Dios significa dejar que todo los que somos sea amado, ¡no sólo lo mejor de nosotros! La buena noticia consiste en esto: no que somos perfectos, sino que, siendo aún pecadores, Cristo murió por nosotros (cf. Rom 5, 8). Como pecadores amados por Dios, estamos llamados a ser anunciadores de una nueva creación que renueva constantemente el mundo a través de la gracia del Redentor. Al Dios que nos creó por amor, por amor y para amar, que toda la creación diga: "Amén".

Oración: Señor Jesús, tú has descendido al punto más bajo de la tierra para que conozcamos las alturas y las profundidades de la misericordia del Padre. Que podamos centrar nuestras vidas bajo tu mirada amorosa, y vivir nuestro propio bautismo haciendo más visible el corazón invisible de Dios.

Referencias

1 de diciembre: Primer domingo de Adviento
Concilio Vaticano II, Constitución sobre la Sagrada Liturgia
(*Sacrosanctum Concilium*) 10.

12 de diciembre: Nuestra Señora de Guadalupe
P. Virgilio Elizondo, "Our Lady of Guadalupe: Mother of a New
Creation" [Nuestra Señora de Guadalupe, Madre de una
Nueva Creación], conferencia en Habiger (St. Paul: University of St. Thomas, 2002), https://www.stthomas.edu/media
/catholicstudies/center/habiger/misc/Elizondo-Spring
2002.pdf.

*14 de diciembre: San Juan de la Cruz, sacerdote y doctor
de la Iglesia*
San Bernardo de Claraval, *Sermons for Advent and the Christmas
Season [Sermones para el Adviento y la temporada navideña]*, trad.
Irene Edmonds, Wendy Mary Beckett, y Conrad Greenia,
ed. John Leinenweber, CF 51 (Collegeville, MN: Cistercian
Publications, 2007), 33–34. Este sermón es usado en el oficio
de lectura de la Liturgia de la Horas para el miércoles de la
primera semana de Adviento. Véase también https://www
.crossroadsinitiative.com/media/articles/three-comings
-of-the-lord-st-bernard/.

15 de diciembre: Domingo de la tercera semana de Adviento
Papa Francisco, *Misericordiae Vultus*: Bula de convocación del
Jubileo Extraordinario de la Misericordia 1, https://w2

.vatican.va/content/francesco/es/bulls/documents/papa
-francesco_bolla_20150411_misericordiae-vultus.html.

16 de diciembre: Lunes de la tercera semana de Adviento
Agradezco a John O'Donohue que usó la frase: "La pregunta
sostiene la lámpara". Para más información, véase
O'Donohue, "The Question Holds the Lantern", *The Sun*
(noviembre de 2009), https://www.thesunmagazine.org
/issues/407/thequestionholds-the-lantern.
Martin Copenhaver, *Jesus Is the Question: The 307 Questions Jesus
Asked and the 3 He Answered [Jesús es la pregunta: Las 307 preguntas que Jesús hizo y las 3 que respondió]* (Nashville: Abing-
don, 2014).
Agradezco al P. Dave Burrell, CSC, por esta visión de la conferencia de Bernard Lonergan.

17 de diciembre: Martes de la tercera semana de Adviento
En su análisis, David Brooks se basa en la obra del rabino Joseph
Soloveitchik (1903–1993) y en su libro de 1965, *The Lonely
Man of Faith [El solitario hombre de fe]*. Para más información
sobre este tema, véase Brooks, *The Road to Character [la versión
en lengua española se llama "El camino del carácter"]* (Nueva
York: Random House, 2015).

18 de diciembre: Miércoles de la tercera semana de Adviento
John Sanford, *Dreams: God's Forgotten Language [Sueños: El idioma
olvidado de Dios]* (San Francisco: HarperSanFrancisco, 1989).

19 de diciembre: Jueves de la tercera semana de Adviento
Agustín de Hipona, *Sermones* 4.1.1.

25 de diciembre: La Natividad del Señor (Navidad)
P. Richard Rohr, OFM, "The Lost Tradition of Contemplation" [La tradición perdida de la contemplación], Centro de Acción y Contemplación (9 de enero de 2018), https://cac.org /the-lost-tradition-of-contemplation-2018-01-09/.

26 de diciembre: San Esteban, protomártir
Concilio Vaticano II, Constitución Pastoral sobre la Iglesia en el Mundo Moderno (*Gaudium et Spes*) 78.

28 de diciembre: Los Santos Inocentes, mártires
Papa Francisco, homilía en Lampedusa (8 de julio de 2013), http://w2.vatican.va/content/francesco/es/homilies /2013/documents/papa-francesco_20130708_omelia -lampedusa.html.

2 de enero: Santos Basilio Magno y Gregorio Nacianceno, obispos y doctores de la Iglesia
El origen de la cita en la oración es desconocido, pero la recibí del P. Dave Link.

7 de enero: Martes después de la Epifanía
Papa Francisco, homilía en Lampedusa (8 de julio de 2013), http://w2.vatican.va/content/francesco/es/homilies /2013/documents/papa-francesco_20130708_omelia -lampedusa.html.

REFLEXIONES ESTACIONALES AHORA DISPONIBLES EN INGLÉS Y ESPAÑOL

LENT / CUARESMA

Not By Bread Alone: Daily Reflections for Lent 2020
Michelle Francl-Donnay

No sólo de pan: Reflexiones diarias para Cuaresma 2020
Michelle Francl-Donnay; Translated by Luis Baudry-Simón

EASTER / PASCUA

Rejoice and Be Glad: Daily Reflections for Easter 2020
Mary DeTurris Poust

Alégrense y regocijense: Reflexiones diarias para Pascua 2020
Mary DeTurris Poust; Translated by Luis Baudry-Simón

Standard, large-print, and eBook editions available. Call 800-858-5450 or visit www.litpress.org for more information and special bulk pricing discounts.

Ediciones estándar, de letra grande y de libro electrónico disponibles. Llame al 800-858-5450 o visite www.litpress.org para obtener más información y descuentos especiales de precios al por mayor.